致無法拒絕長大的我們

宮能安

目錄

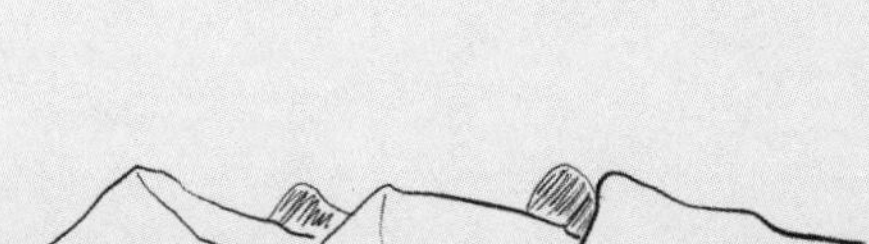

目錄

前言

重新起飛前的迫降

為什麼是《小王子》？

這是巡迴《地球人遇見小王子》至今最常被問起的問題之一。答案並不浪漫，當時只是想要幫同學賣票。

大學剛畢業，同學們在高雄成立白開水劇團，創團作就是將《小王子》改編為音樂劇。二〇一三年，《飛行員與小王子》的音樂劇即將在高雄駁二正港小劇場上演，為了減輕同學創作的票房負擔，我在班上向學生推薦這部作品。某天，一位學生好奇問起：「那《小王子》在講什麼？」因著那一個好奇，起了我說書的開端，開始我對於這本經典的生活反思，開發我在課堂中一人分飾多角的詮釋。它從一段十分鐘的演出推薦，變成一堂四十五分鐘的課堂教學，蛻變成一場將近兩個小時的巡迴演出，最後，它將在此刻被化為文字出版。

回望這段旅程，至今仍覺得不可思議。在這上百場次的巡迴旅途中，有太多始料未及的際遇出現，那些好的或壞的，皆是滋養這個內容不斷進化的因子。生命真奇妙，與其說我選擇演《小王子》，不如說我被《小王子》選擇。

我曾經朝著當演員的夢想起飛過，卻因為現實，我迫降在校園裡當老師，這迫降三年的教學生涯，讓我意外遇見這位金髮男孩。接著他帶著我離開校園，朝演員的夢想重新起飛。這位男孩，教會我的事情實在太多，關乎自己，關於生活。

在這本書中，我會將《小王子》結合我人生目前為止的「主觀」生活體驗和大家分享。既然是以我為主的觀點，那麼大家在這趟閱讀旅途中，可以選擇接受我或否定我。沒有一個人類能夠主張自己的論點絕對不會錯，不論是社會上何等權威知識份子，都該清楚地認知，身為人類，你我的眼界都非常有限。

歷史上的人類相信地球是平的；歷史上的人們相信宇宙的核心是地球；歷史上曾經有位醫生伊格納茲，他主張人類手上有種看不見得東西會致命。當他首次發表這個言論時，所有的醫生都認為他是個瘋子，沒有人願意接受「洗手」的提議。直到今天，你我都知道那個看不見的人類殺手叫做細菌和病毒。以上三段歷史，都告訴我們同一件事：所有的人類聚集在同一個世代，相信的同一個自以為「對的信念」，到了未來即將有錯的可能。那麼活在二十一世紀的我們，即便有了AI、高鐵和智慧手機，我們對於黑洞和海洋的認知還是非常有限，也就是說，你我此刻所主張的「對」，隨時可能會成為未來歷史上的最新笑點。說到底，你我都是眼界有限，卻活在相同年代的不同之人罷了。願我們都保有彈性，調整自己接納差異的空間。

畢竟，眼界何其小，世界何其大。

最後，謝謝這趟巡迴旅程最初的推手黃尹歆老師，在出版的過程中，給予我寫作上的指導。謝謝時報出版的邀請及資源提供，更謝謝從我開始巡迴至今，每一份相伴，曾經給過我力量的你們。

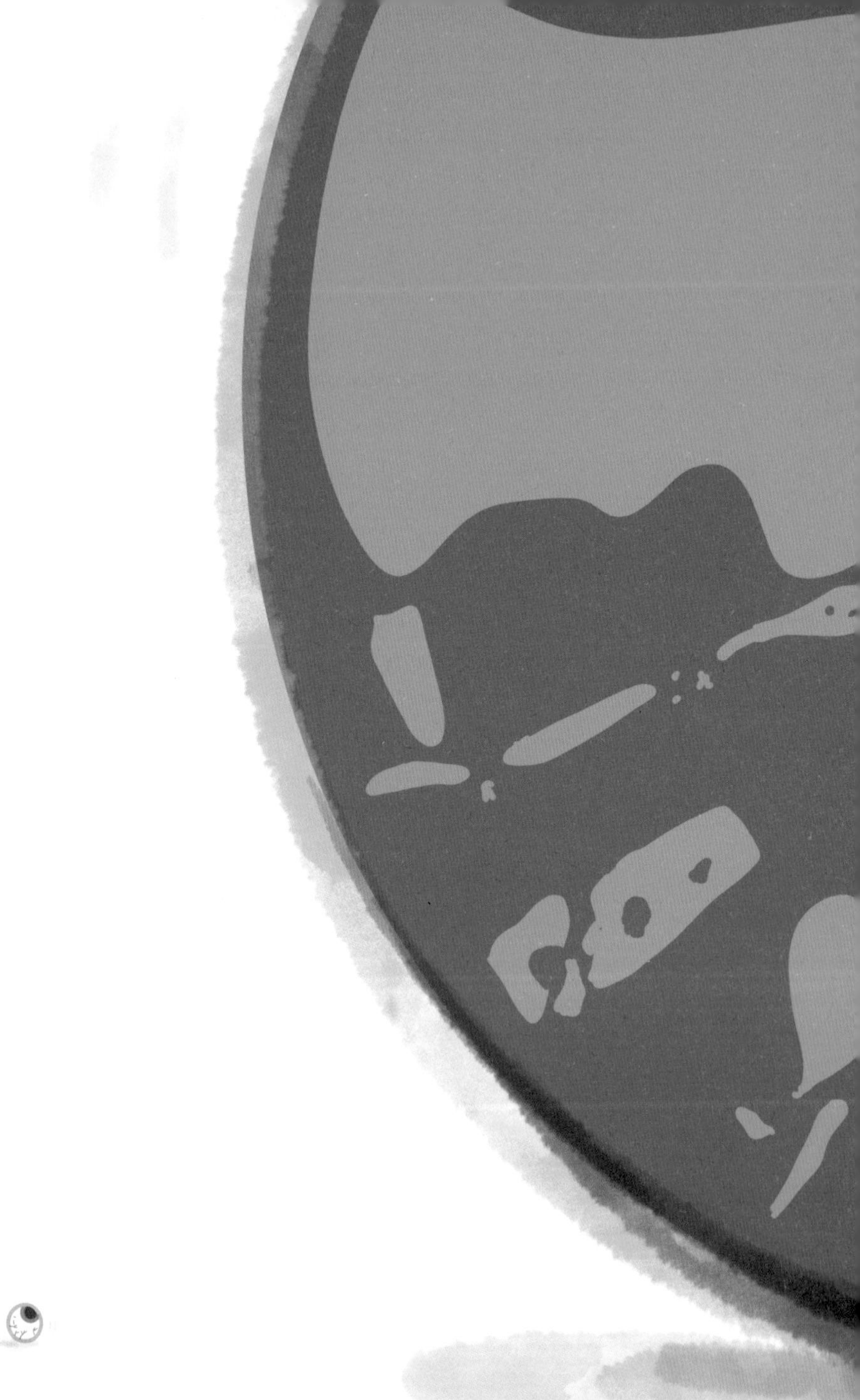

輯一

有些事情
得到
其實是失去

比如，長大

1.

我六歲那年，有一次，在一本書裡看見一幅很棒的圖畫，那本書叫《親身經歷的故事》，寫原始森林。那幅圖畫上，一條大蟒蛇正在吞吃一頭猛獸。我把它描了下來。

書裡寫著：「大蟒蛇把獵物整個吞下，嚼都不嚼。然後，牠動彈不了，牠得睡上整整六個月，才能消化肚子裡的東西。」

對原始森林的探險，我當時想了很多。於是，我也用一支彩色鉛筆，畫出了我的第一張畫。畫作第一號。就像這樣：

我把我的傑作拿給大人看，問他們：「我的畫是不是讓

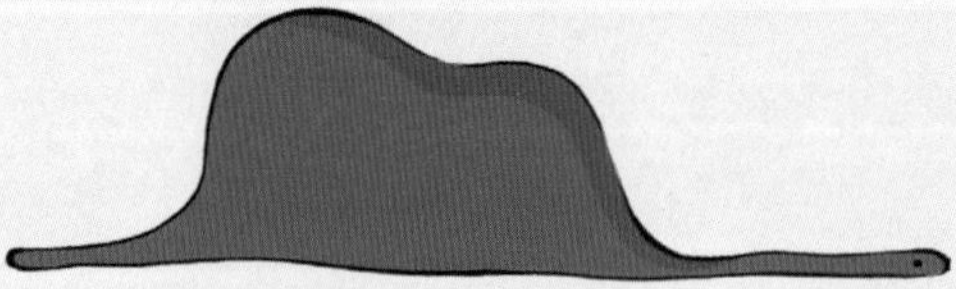

你們很害怕？」

他們回答：「一頂帽子有什麼好怕的？」

大人勸我不要再畫了，還是專心學地理、歷史、算術和文法吧。就這樣，我六歲時放棄了畫家生涯。畫作第一號和第二號的挫折，讓我洩了氣。大人自己什麼也弄不懂，卻要孩子一遍一遍地解釋，眞夠累人的……

但我畫的不是帽子呀。我畫的是一條大蟒蛇，正在消化一頭大象。於是我把大蟒蛇的肚子裡面也畫了出來，好讓大人看個明白。大人老是要人解釋。這是畫作第二號：

我只好另選職業。我學會了開飛機。世界各地，我差不多都去過。的確，地理對我很有用。只要看一眼，我就能認出，哪裡是中國、哪裡是亞利桑那。如果夜裡迷航了，這很管用。

在我的生活中，我和很多嚴肅的人打過很多交道。在大人之中，我經歷了很多。我就近觀察他們。不過，我對

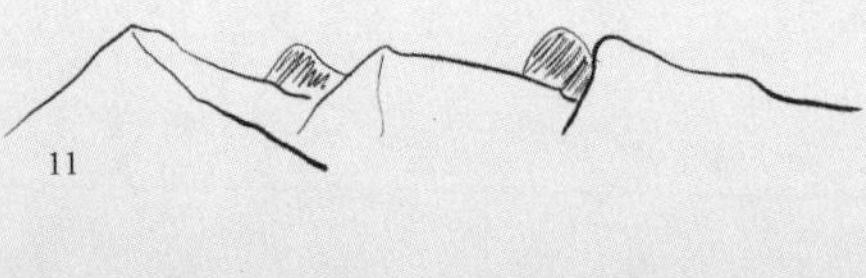

他們的看法，沒有多大改善。

碰到頭腦清楚一點的大人，我會拿出一直保存著的畫作第一號給他看。我想知道他能不能看懂。但大人總是這麼回答我：「這是一頂帽子。」所以，我就懶得跟他說大蟒蛇、原始森林或者星星了。我只好說一些他能懂的事情。我跟他說橋牌、高爾夫、政治或者領帶，大人就很滿意，覺得認識了一個正常人……

2.

我孤獨地生活著，沒有和哪個人眞正談得來，直到有一次，六年前吧，飛機故障了，在撒哈拉大沙漠。引擎裡有什麼東西壞了。身邊沒有機械師，也沒有乘客，我只好自己來做這棘手的修理差事。這對我是生死大事。我帶的水，只夠喝八天。

第一天晚上，我就睡在大沙漠裡，千里之內，荒無人煙。我孤零零的，比大海中央漂在船板上的海難者還要孤零零。因此，黎明時，當一個奇怪的小小聲音喚醒我時，你們可以想像，我是多麼吃驚！這個聲音說：

「請……給我畫一隻綿羊吧！」

「嗯！」

「給我畫一隻綿羊吧……」

我猛地跳了起來，像被雷電擊中。我用力揉眼睛，仔細瞧了瞧。一個完全是天外來客的小人兒，正認眞地盯著我呢。後來，我還給他畫了一幅最棒的肖像。當然，他本人比肖像要可愛多了！這不能怪我。六歲那年，大人讓我很失望，我已經放棄了畫家生涯。我再沒畫過什麼，除了大蟒蛇。

我瞪圓眼睛，吃驚地瞧著他。別忘了，我可是在荒無人煙的地方。但這個小人兒，既不像迷了路，也沒有餓得要死、渴得要命、怕得發抖的樣子。他的表情，一點也不像在荒無人煙的大沙漠裡迷路的孩子。我終於能說話了，就問他：「可是……你在這裡幹什麼？」

他又說了一遍，聲音很輕柔，像在說一件大事情。

「請……給我畫一隻綿羊吧……」

當神祕把人震住時，我們是不敢違抗的。眞不可思議，這個地方荒無人煙，生命都有危險！我還是從口袋裡掏出了一張紙和一支鋼筆。但是，我想

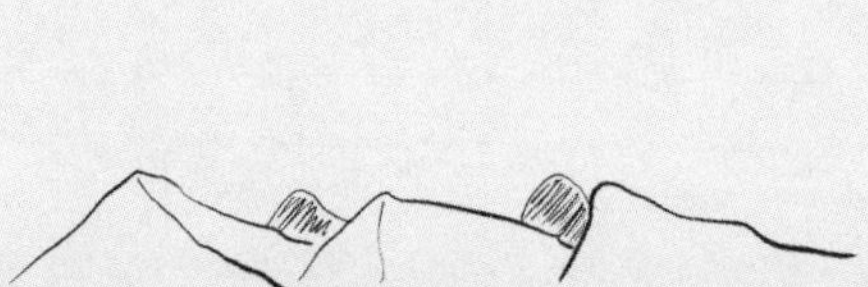

起來了，我只學過地理、歷史、算術和文法，於是我（有點沒好氣）對小人兒說，我不會畫畫。他回答我：「沒關係。給我畫一隻綿羊吧。」

我從來沒畫過綿羊，我就給他畫了我以前畫過的兩張畫中的一張：肚子閉著的大蟒蛇。

小人兒的話讓我驚呆了：「不！不！我不要大蟒蛇肚子裡的大象。大蟒蛇，很危險，大象呢，太大。我家很小呢。我要一隻綿羊。給我畫一隻綿羊吧。」

我只好畫了。

他認眞地看著，又說：「不！這隻羊生病了。再畫一隻吧。」

我又畫了一隻。

我的朋友微笑著，寬容地說：「你看……牠不是綿羊，是一隻山羊。牠有角……」

於是，我又畫了一張。

和前幾張一樣，這一張也被拒絕了。「這隻羊太老了。我要一隻能活很久的綿羊。」

我失去了耐心，因爲我急著要把引擎拆下來，於是我亂畫了一張。

我隨口說：「這是一個箱子。你的綿羊在裡面。」

但我驚異地看到，我的小法官臉上頓時放出光來：

「我就要這一個！你說，這隻綿羊要吃很多草嗎？」

「爲什麼問這個？」

「因爲我的家很小很小……」

「好了好了。我給你畫的綿羊夠小了。」

他低頭看那幅畫：「牠不算小……哎！牠睡著了……」

就這樣，我認識了小王子。

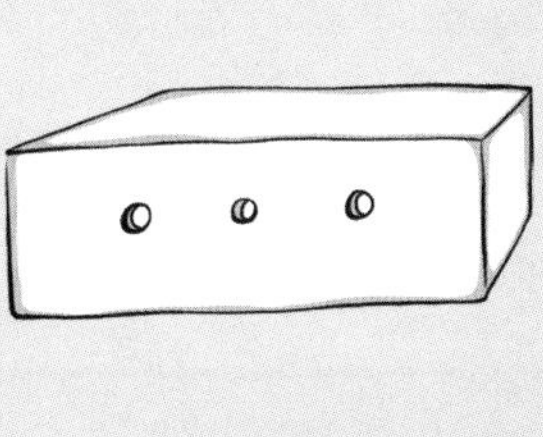

3.

我費了好長時間才弄明白他是從哪裡來的。小王子問了我好多問題，但對我的問題，他就跟沒聽見似的。然而他偶爾說出的那些話，向我披露了他的所有事情。比如，第一次看到我的飛機時（我不打算畫我的飛機，那太複

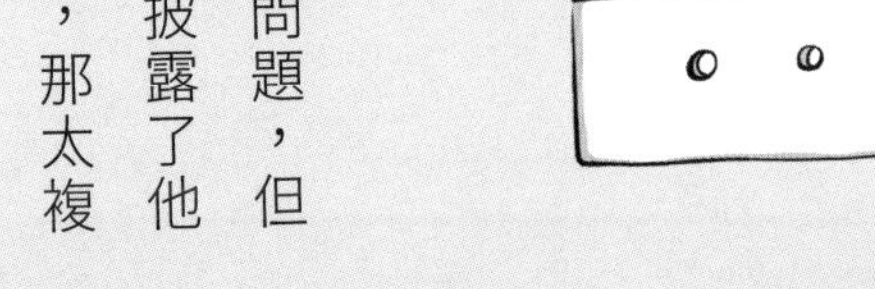

雜了），他問我：「這是什麼東西呀？」

「它不是什麼東西。它會飛。它是一架飛機。我的飛機。」我很自豪地讓他明白，我會開飛機。他於是喊了起來：「什麼？你是從天上掉下來的！」

「是啊。」我謙虛地回答。

「啊，眞好玩！……」

小王子發出可愛的笑聲，但他的笑聲激怒了我。我希望別人能認眞看待我的不幸。他接著說：「那麼，你也是從天上掉下來的！你是從哪個星球來的？」

他的出現如此神祕，我立卽窺見了一絲亮光，於是突然問他：「你是從別的星球來的？」

但他沒有回答我。他輕輕地搖了搖頭，眼睛一直盯著我的飛機。

「是的，坐這東西，你不可能從很遠的地方來……」

然後，他沉思了很久。接著，他從口袋裡掏出我給他畫的綿羊，專心研究起他的寶貝來。

你們可以想像，「別的星球」這半句隱語，太吊我胃口了。因此，我想多瞭解一些。

「你從哪裡來的，我的小人兒？『你的家』在哪裡呀？你要把我的綿羊帶到哪裡去呢？」

他默默地想了一會兒，回答我：「你給我的這個箱子，它有一個好處，綿羊晚上可以住在裡面。」

「當然。如果你乖，我還可以給你一根繩子，白天可以把綿羊拴起來。再給你一根小木樁。」

這個建議好像讓小王子大吃一驚。

「把綿羊拴起來？這想法太怪了！」

「如果你不把牠拴起來，牠會到處亂跑呀，然後牠會跑丟……」

我的朋友大笑起來：「你想讓牠跑到哪裡去呀！」

「哪裡都可以啊。直直地往前跑……」

小王子嚴肅地告訴我：「沒關係，我住的地方很小的。」

他又加了一句，帶著點憂傷：「直直往前跑，也跑不了多遠……」

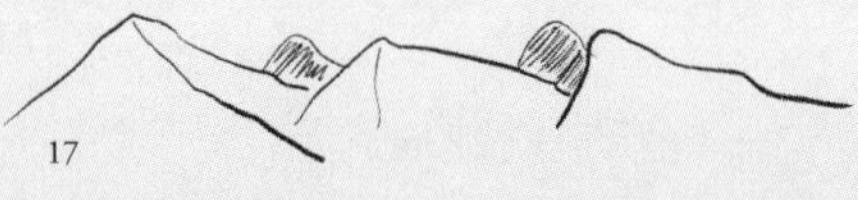

4.

我這才知道另一件重要的事情：小王子住的星球，只有一座房子那麼大！

我不怎麼覺得意外。我知道，除了那些有名字的大行星，像地球、木星、火星、金星，還有好幾百顆用望遠鏡也很難看到的小行星。如果天文學家發現一顆小行星，他會給它編一個號當作名字。比如，他命名它：「325號小行星」。我有充分的理由相信，小王子的那顆星球是B612號小行星。以前，只有一位土耳其天文學家，在一九〇九年用望遠鏡觀察到過這顆小行星，就只一次。

當時，在國際天文學的一次代表大會上，他演示了這個重大發現。但是，由於他穿的是民族服裝，誰也不相信他。大人就是這樣。

幸好，由於B612號小行星的名氣，當時土耳其的獨裁君主下了命令：他的子民必須穿歐式服裝，否則判處死刑。一九二〇年，那位天文學家穿上非常優雅的衣服，重新發表他的報告。這一次，所有人都信了。

我把B612號小行星的編號和細節告訴你們，就是因爲這些大人的緣故。大人喜歡數字。你跟他們說起一個新朋友，他們不會問本質的問題。他們從不會問：「他的聲音怎樣？」「他最喜歡什麼遊戲？」「他收集蝴蝶標本嗎？」他們會問：「他幾歲了？」「他有幾個兄弟？」「他體重幾公斤？」「他爸爸賺多少錢？」好像只有這樣，他們才瞭解這個人。如果你告訴大人：「我看到一幢粉紅色磚頭的漂亮房子，窗戶旁有天竺葵，屋頂上還有鴿子……」他們想像不出這幢房子。

你得告訴他們：「我看到一幢值十萬法郎的房子。」然後，他們才會驚歎：「多漂亮的房子啊！」

所以，如果你告訴他們：「小王子存在的證據，是他很可愛、會笑，他還想要一隻綿羊！一個人想要一隻綿羊，就是這個人存在的證據。」他們會聳聳肩，把你當小孩子！但是，如果你說：「他來自Ｂ６１２號小行星。」那麼，他們就被說服了，不會再來煩你。大人就是這樣。不要怪他們吧。孩子就得原諒大人。

當然，我們是懂得人生的，我們盡情嘲笑數字吧！我本來想用童話的方式來講這個故事。我本來想說：

「很久很久以前，有個小王子，住在一個和他身子差不多大的星球上，

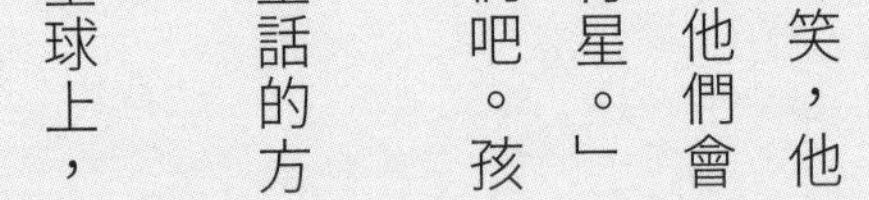

他需要朋友……」

對懂得人生的人來說，這樣聽起來比較眞實。

我可不希望別人隨隨便便就來讀我的書。講這些回憶，我是很難過的。我的朋友帶著他的綿羊離開，已經六年了。我在這裡講述他，是爲了記得他。忘記一個朋友，是悲傷的事情。並不是每一個人都有朋友。我也可能變成那些大人，他們只對數字感興趣。正因爲這樣，我又買了一盒顏料和幾支鉛筆。在我這個歲數重新畫畫，是艱難的事情，我可是只在六歲時畫過一條肚子關著的大蟒蛇和一條肚子開著的大蟒蛇，再沒畫過什麼！當然，我會盡力畫得像他本人。是否眞的能做到，我不是很有把握。只有一張，還可以，再來一張，就不像了。我有點搞不清楚他的身高。

這裡把小王子畫得太高了。那裡又把他畫得太矮了。他衣服的顏色，我也很猶豫。於是，我這裡修修，那裡改改，盡我所能吧。一些更重要的細節，我可能也搞錯了。這一點，請你們務必原諒。我的朋友從不解釋什麼。也許他覺得我跟他像吧。我呢，我看不見箱子裡的綿羊。也許我有點像大人了。我一定是老了。

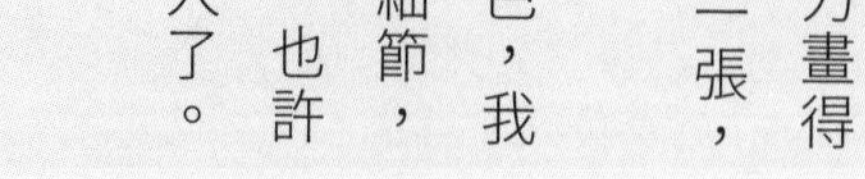

第一話 無意間，我們成了自己看不起的大人。

下課鐘響起，回辦公室路上的我充滿罪惡感，身體些許發燙，步伐急促，本能地調節呼吸，平息惱怒。因為不到一分鐘前我正在教室對我的學生咆哮，為的是學生的成績。當我意識到這一點，突然微微鼻酸，我變成了我學生時代時最討厭的那種老師。

我們出生在一個擺脫不了數字的時代，從落地那天起就被記錄下出生的時間與日期，還有重量，不久後，父母向公所申報我們的出生，就會有跟著自己一輩子的身分證字號，兩歲起，開始對數字有了初步的認知，1、2、3、4……，

爸媽帶我們數著眼前的所有東西，想都沒想過，再過幾年，口中的數字即將掌握自己的生死。關於考試，關於排名。

如果你還是學生，那麼這裡有份作業給你嘗試，一份關於生活的作業，作業名稱為〈我們班上那個跟我很好的同學〉。作業執行時間長度以一個學期來計算，從現在起回到家裡，跟家中長輩有意識地提起那位在班上跟自己很要好的朋友，或是你喜歡的對象（如果家人不會跟你翻臉的話）。三不五時地提起他們的名字，當家人無意識地回問一個關於那位朋友的問題時，我們嘗試記錄下來，一個學期過去後，我們會得到哪些關於朋友的提問？

在我成長過程中很少聽過這樣的問題：

「你很常提到那個同學，他桌上通常出現什麼類型的課外書？」

「他平常開玩笑的時候是喜歡開自己的玩笑？還是別人的玩笑？還是色情笑話？當他的玩笑讓朋友們哄堂大笑的時候，你有注意過其他同學的反應是什麼嗎？大家都欣然接受這樣的玩笑，還是有注意到誰正在受傷？」

「他借同學錢或跟同學借錢的習慣如何？」

「你注意過他生氣時是用什麼文字來表達嗎？成語？英文？台語？」

或許以上幾個提問都過於浪漫，但難道不能幫助大人更具體地認識我們的朋友嗎？

反倒是以下的提問，在我成長過程中非常熟悉：

「那個誰，他幾歲？」

「那個誰，他父母是從事什麼工作的？」

「那個誰，他們家住哪區？」

「那個誰，在班上第幾名？」

如果你對上述這幾個問題感到陌生，或是沒有共鳴，那麼我要先在此恭喜你；如果你非常有共鳴，同時在心中指控你身邊「大人」之前，我也想問問你是否曾經在學校出現過類似的對話：

「欸！剛剛走過去那幾班的啊？」

「六班的啊，我跟你講他成績超好／爛的。」

其實我們都一樣。

想像一下班上同學所有人的臉都變成一張撲克牌，當你心中出現一組對於同學未來社會成就的發展排序，這組排序，從高到低是依據他的日常處事？人格與專長？還是依據考試成績？是綜合考量？還是單一數據？這個實驗的秘密結果，只有你自己知道。

近年來過年前夕，網路頻頻出現一系列的主題創作，不論是網路哏圖還是影片，都關乎過年期間煩人的長輩提問。多少人小時候最討厭回家過年？多希望那些叔叔伯伯阿姨們乖乖發紅包就好，嘴上不要有這麼多的問題。

「這學期考第幾名？」

「都有及格嗎？」

「誰誰誰都考第一志願唷！」

「表哥都去日本唸書了捏！」

「你知道你爸每學期花多少錢給你補習／請家教嗎？」

在當老師的那幾年，能接觸到的家長相較日常來得多，常常從家長們聊天對談中觀察到，有些父母聊起自己小孩的成績很好的時候，會以「不用擔心」來形容自己的孩子。

「我們家那隻老大，從來都不用我擔心的啦！」

「我都不用擔心姊姊，她自己考到第一志願。」
「我沒有擔心過我們家弟弟，他自己都很拼。」
成績考得很好，就從來不用父母擔心嗎？這點，我想保留在後面的章節再來聊聊。相反地，當某些家長聊起家中成績不好的孩子，會出現類似以下的句子。
「我們家那隻老么，我已經放棄了。」
「隨便我們家哥哥以後要幹嘛了。」
「我早就懶得念我們妹妹了，她愛幹嘛就幹嘛。」

我們就是那個被「隨便」、被「放棄」的人。那麼，有幸在我現場的表演中或是透過這本書讓我遇上的你，我要鼓勵你，去替這些大人、也替自己做一點功課，去生活中觀察、去網路上谷歌資料、去書店翻閱自傳，你會發現很多社會上很有成就的人士，成績也未必是拔尖的，有些人甚至沒有完成學業就開始創業。請用幾年或十幾年的時間去認識自己然後用力證明自己，成績不好也可以在這個社會有成就。臺灣確實在早期，有許多人透過成績來翻轉自己的身世階級，甚至在當時，成績幾乎是唯一的辦法，但時代變了，大人的思想不是都沒變，只是變得還不夠快，此刻成績仍是一條可能會成功的路，但注意，我用「可能」，它早已經不是「唯一成功」和「鐵定成功」的關鍵。當一個人找到自己真正擅長或是極度有興趣的事情，都有可能讓我們開始走向屬於自己的成功。

熬過學生時代，長大後的過年，未必就讓你好過。首先換成你要包紅包了，再來叔叔伯伯阿姨姑媽還是會招喚催狂魔展開數字攻擊。

「現在一個月賺多少錢？兩萬二你還笑得出來喔？看看你表姐啦，人家科技新貴一個月收入六萬六起跳不說喔，年終獎金直接破百萬，人家婚也結了！房也買了！車也有了！還生雙胞胎，妹妹啊，妳年過就要三十了，再不生就生不出來了！」

又是這些數字！長大之後，他們還是拿著這些數據來強迫量身，當我們單身、租房、正在探索生命中最想做的事，只是先暫時以打零工來維持生計，幾乎都被長輩視為千古罪人或是世界末日。我們相信，眼前的探索都只是過程不是結果，只要我們能打造自己想要的生活型態對自己負責任，那又有什麼不好呢？

大人的出發點當然出自愛與擔心，我們也應該回頭看看自己，是否有對現階段的自己負責？即便成績不好，但在課堂的自己真的有盡力？我在做我喜歡的工作或者追夢的同時，我能先讓自己溫飽而不靠他人嗎？如果我們能夠交出一份世俗標準以外的成績單，我想即便他們再擔心，至少大人可以試著練習對你放心。

小時候的我們只用成績看同學，成績以外的事情通通不去嘗試。畢業後的我們只願意做有支薪的工作，以錢去衡量職場所有的付出效益，不去嘗試其他可能，更不屑接手錢少的機會。

但生命有種本質是熱情、渴望與理想，我們真的有體會過一次嗎？

我們每個人都會死，卻不是每個人都能為自己真正活過一次。

第二話

誰綁著我的羊？

此刻，高雄老家那間放滿雜物的倉庫，還是充滿著神祕古石器時代的象形文字與圖像，只是許久沒人挖掘。曾經在夜半時分，滅熄燈火之際，這些水泥白牆上會浮現星空、宇宙與怪獸，睡覺時刻一點都不孤單，因為故事才正要開始。如今故事塵封，相伴的不再是神祕，而是成長過程中累積下來的雜物、年節收到的禮物與各式百貨贈品。

小時候去教會的朋友家過夜，當燈光熄滅時，我非常訝異他房間出現整片星空，覺得相當浪漫。於是我跑去文具店，買了夜光漆，拿起水彩筆恣意地點綴房間的牆面，創造星空、騰上各式生物……，期待晚上這片銀河能陪我入眠。如今

回顧這間神祕的洞穴，裡面堆放的東西多到即便開了燈，夜光漆也吸不到光，牆上的故事不再亮眼，我的房間也早已換到新的空間。

我還記得以前拿到紙筆，最常畫的就是車子，我會幻想筆下的車子有萬能空間，在車上有電影院、電動室、房間、浴室、廚房（差不多是美國電影裡片中公路旅行的露營車，但當時我還沒開始接觸電影，就已經開始憑空創造）。任何需求與渴望，我都能為自己完美打造，想像有一家人或是一群朋友在裡面生活，誰負責煮飯？誰還在睡覺？誰在泡澡？如果大家都要吃飯時，誰開車？不要緊，車子還有自動駕駛功能，這樣全車的人都能到二樓的餐廳用餐。紙張中的人們活生生地流動在我腦海。

曾經我擁有一道「魔力之鎖」，它守護我們一家的安危，絕對不能讓它落入魔鬼的手中，要是被魔鬼拿走，就會遭到魔鬼附身操控，厄運也隨之而來。就在小表妹來家裡過寒假的某個午後，我拿出這項寶物，把這個天大的秘密跟她分享，講到一半，我突然被魔鬼附身，我妹跟大表妹也開始生命微弱，我們在家裡的房間、餐廳、廚房分別倒地呼救，魔鬼透過我的聲音向小表妹表示將要把眼前的哥哥姊姊們的生命帶走，除非找到鑰匙，把魔力之鎖給解開，裡頭的魔法才會來解救哥哥姊姊，小表妹非常著急地在房間翻箱倒櫃地找出鑰匙，緊張地解開我手上的魔力鎖，我們隨之回復正常，並且失去記憶，對於剛剛發生的事情一概不知，小表妹趕緊解釋剛剛發生的事情。

「剛剛安安哥哥講話到一半時，魔鬼就來了，他用安安哥哥的身體講話。」

「真的假的？」

「真的！剛剛糖糖姊姊也倒下，你們都被控制了。」

「妳有騙我們嗎？」

「沒有，剛剛姊姊也都不能動了。」

這個瞬間我又再次遭到魔鬼控制，因為鎖再次被鎖上，魔鬼還沒離去，小表妹哭著說：「不可以！」

她很勇敢地拿出鑰匙，再次解開我手中的鎖，我們三個終於得到真正的救贖，魔鬼消失了。

「妳好棒！妳救了安安哥哥還有糖糖姊姊，還有姊姊。」

那個鎖，其實只是文具店買來鎖存錢筒的藍色塑膠鎖，所有的附身也只是兒時角色扮演的樂趣，但這場魔法大戰卻帶給我們四個人一個神祕又難忘的午後。

再更仔細回想，我還是小小預言家。當時念幼稚園的我聽到老師在上課時說，班上XX同學的馬麻下次要送給大家一人一塊「ㄉㄧㄢˋ ㄅㄢˇ」，當下我非常興奮，腦袋中出現了一個非常酷的東西，一個有電的板子，一個薄薄的板子會有電，代表可以看電視，可以打電話，可以玩遊戲。

「一定很貴。」

「他馬麻一定好有錢！」

「全班每個人都有？」

「那我每天都要用它看卡通！」

我為此興奮了好長時間，等到送禮當天，我整個人愣住了，手中拿到的，是一張後面印著九九乘法表的紙板，還有奶粉廣告在上面，老師發放著「電板」，同時說明這是寫字時用來墊在紙張下方的「墊板」。我的心情有如天堂掉到地獄，現在若遇上那個幼稚園的我，我應該會跟他說，你很厲害，你早在多年前就預言到現在人手一台的科技產品 iPad。不用急，十幾年後你就能擁有了。

這是與生俱來的能力，那些關於想像與創造的能力，從來就不需要上任何課來取得，不需要老師帶我們閉上眼睛，關掉燈，聽音樂去練習，我們本來就會，而且每個人都不一樣。奇怪的是，不知道從何時開始，大多數的人逐漸失去這個能力，還有人需要回頭去上課培養想像力，這到底是為什麼呢？

幼兒園的老師們曾經跟我感嘆，孩子們的想像與創造力在上國小後就開始慢慢減弱，美術課程出現的材料包也是想像力殺手，每人一包，裡頭的素材工具一模一樣，照著說明圖示製作，整個班級能一致地完成大同小異的美術作品。從什麼時候起我們畫的房子從奇形怪狀，變成三角形與正方形的組合體？大家紙上的「家」與「太空船」從最不一樣，最後近乎一模一樣。

當我們回到家裡嘲笑年幼的弟弟妹妹們的畫與言語很可笑前，有沒有意識到，弟弟妹妹其實不可笑，反而是我們可悲。小時候的我們相信紙上的戰艦會飛向宇宙，會為著紙上的洋房跟媽媽解釋有人在裡面用餐，我們手上握有魔法最強大的鑰匙，睡覺醒來就能擁有未來名為iPad的「電板」……，如同小王子知道哪頭羊生病，哪頭羊老到走不動，哪個箱子裡頭有他真正想要的羊，小時候的我們甚至還有籌碼跟小王子爭辯裡面是頭獅子，現在的我們什麼都看不到了。也許我們腦海那頭名為想像力的羊，早在成長的過程當中，被人畫上了一條拴繩，給綁在某一個地方，再也跑不起來了。

長大的過程裡，誰綁住了我們的羊？

第三話

其實我們都一樣

二〇一六年一月

二十多歲的小惠（化名）為塵爆傷者，四肢有百分之五十至六十的燒燙傷，出院後必須定期做復建。月前，小惠穿著長袖長褲搭捷運時，因為無法久站而坐在博愛座，卻遭一名阿伯斥責「好手好腳的竟然不讓座」，讓她難過落淚。

去年十二月中旬，小惠由母親陪伴，一起搭乘捷運要到陽光基金會做復建，因為下肢充血腫脹無法久站，加上車廂內座位不多，所以便坐在博愛座，想不到，一名年約六十多歲的阿伯看見後，竟當眾大聲指責「現在的臺灣年輕人都這樣嗎？好手好腳的，為什麼不讓座？」

小惠當下聽了很傷心，暗自掉下眼淚。母親在旁趕緊解釋，她是燒燙傷患者，為了控制疤痕，必須長時間穿著壓力衣，這幾天氣溫轉冷，所以又加穿長袖長褲，外觀看起來才和一般人無異。誤會解開後，阿伯也對小惠說了對不起。

不過，在公開場所被人大罵，已經對傷者造成二次傷害。陽光基金會表示，一般民眾往往會以外表來判定他人是否需被幫助，但仍有許多「看不見的辛苦」需要大家的體貼和包容，只要多一點同理心，就可以幫助傷者順利走完「身心重建」之路。*

這是一則幾年前的新聞報導，閱讀時，你心中閃過什麼樣的感受？同情少女的處境，產生憐憫？還是厭惡這些在ＰＴＴ討論區、爆料公社、Youtube 影片中層出不窮的伯伯與大媽們？

假如這則報導出現在你的ＬＩＮＥ群組、朋友的臉書塗鴉牆、ＩＧ限時動態，多少人會直覺性地立即轉貼或複製這些文字或影片，順便加上幾行字：

「快看這種老頭，真的祝福他早死早超生。」

「他還沒火化過，送進去火化才知道別人多痛，別急，快囉！」

「老伯，斷手斷腳再來說啦！自己不是也好手好腳。」

* 此新聞段落擷自 ET today 新聞雲
（https://www.ettoday.net/news/20160105/625263.htm）

「多想坐？不會搭 Uber 噢？有本事不要搭捷運啊。」

「肉搜！肉搜他！」

然後點下手機裡的「分享」按鍵，不久後就會引來更多人來到下方留言處，對著同一個靶心，獵巫，放箭。

那麼請再稍等一下。

在這篇新聞報導中，我們能知道的事情非常有限，不到四百字的一則報導裡，我們能得知一個事實：就是伯伯誤解少女，在捷運上大罵少女，造成小惠（化名）的二次傷害。那在我們貼文審判伯伯的同時，這六十歲的伯伯健康狀況如何？我們從報導的文字敘述中，無從得知。

伯伯有隱疾嗎？伯伯搭捷運到底是要去跟朋友下棋？還是去醫院洗腎？我們一概不了解，當我們透過轉貼來定義伯伯的同時，我們是否跟伯伯的行為是一樣的？伯伯在還不了解少女前就當面指責，我們在還不了解伯伯前就在手機前下結論，那我們跟伯伯，本質上是否相同？多少餐廳門口相聚了幾個朋友在飯後「呼吸」一下，看著對面公車站等車的女孩穿了極短的裙子、頂著濃妝，就開始討論起她的性生活是否開放？應該吃得很開？

多少人看著料理師傅送餐點上桌的右手臂有刺青，會欣賞它？好奇是否有意義？與生命故事有關？還是懷疑餐點是否有煙灰？抱怨餐點會被打？或者即刻轉身警告身邊的兒子女兒要是也刺青就把他打死？

多少次看著迎面而來體態較胖的人，我們不自覺地憋氣，覺得對方肯定有異味？

說到底，你我都以相同的方式生活，其實我們每個人生活中大腦的運作模式，跟那位捷運上的伯伯是一樣的。刻板印象不可能全然消失在我們生活中，它是生活經驗數據下的不自主計算，使我們在生活上能快速的、直覺性辨別很多事情，雖說多數的時候能精確的判斷，但也往往在某些時刻，我們因著刻板印象而掉入陷阱，然而掉進去的人多，有自知之明試著爬起來的人卻少。那麼，透過閱讀網路上的一則新聞，我們是更多自我覺察？省思社會狀態？還是只流於情緒宣洩、嘲弄、謾罵？你我在面對新聞的所有反應，又反應出自己的什麼樣貌？

老實說，最早開始巡迴《地球人遇見小王子》的版本中，當我談起了天文學家時，我只有引導現場觀眾審判新聞中的伯伯，當著所有觀眾面指控捷運上的伯伯沒搞清楚狀況就罵人。

不記得在哪一場演出過後，我反被自己狠狠地審判一番：「當我在演出中，帶領觀眾審判新聞中的伯伯同時，其實我對於伯伯的情況一無所知，如同他對於少女的狀況一點都不了解，記者帶我認知的有限，我在現場簡述給觀眾的豈不是更有限？假如今天事件不變，塵暴的少女仍坐在那，而眼前的伯伯也正在進行令人煎熬的化療，一樣咆哮了少女，我們又會怎麼解讀新聞？」

瞬間，我發現自己，還有所有在網路上謾罵的人們，以及現場仇視在心裡的觀眾們，我們都跟伯伯還有天文學者們，一模一樣。

說穿了，我們都是捷運上的伯伯，我們都是台下的那些天文學家，我們定義生活中出現在我們面前的「土耳其的天文學者」，直到天文學者換上一件燕尾服，才改變了我們的眼光。

這個快速的時代，人們看到帽子的機率比看出蛇吞象的機率更高了，有時我們透過圖片與標題就開始憤怒。當報導文章的字實在太多，看一個大略，就跳出文章頁面，於貼文下方留言抨擊。甚至還有更方便的懶人包，去壓縮我們理解一件事情的時間。多數時候根本來不及知道眼前的蛇是吞了什麼，只看見大概的形狀，就分享在網路上：「這真是一頂令人厭惡的帽子。」

其實，也許再多花一點時間去了解，世界能多一份溫柔。

新聞，只能告訴我們事件的片面，
如果沒時間去親自認識更多，
就不要輕易結論它。

第四話
穿著警告標誌的叔叔阿姨

「你不好好念書，長大就跟那個叔叔／阿姨一樣。」

這句話在多數人的成長過程中，一點都不陌生。等紅綠燈時，那些車上的人父人母，利用停紅燈的秒數，教育孩子們要好好念書，不然就跟窗外那個賣玉蘭花的阿姨，或是路邊建案廣告的舉牌叔叔們一樣。

這是一種出自愛與擔心的舉動，父母希望我們能避免從事辛苦的工作，但各位爸媽們，在我們鼓

勵孩子奮發向上的同時，這句隨口的警惕，是否也可能帶著孩子以貌取人、職業歧視？我們都清楚，階層一直是各生物界都存在的劃分，然而人類與各界生物最大的不同，是我們懂得學習去尊重，親子之間這句無心的教導，讓我們種下什麼樣的價值觀給孩子？

在我過往生活經驗中，見到多數的警衛都有些年紀，讓我們試著用邏輯思考，這些警衛全部皆為年少中輟未繼續升學，直接從事警衛至今？還是其中有部份軍人退伍，仍挺著健壯的身體不甘在家，選擇來校園與大樓服務，既賺取零用外，還能持續與社會連結？

在我個人巡迴演出的旅途中，常常需要搭計程車抵達校園或演出場地。曾經遇上幾位健談的司機，在車程中與我分享他們的生活，有時會聊起他們的過往，其中一位表示自己曾經在中國大陸從商，自己早已退休，只是耐不住悶，不想整天窩在家，弄了台車就出來走跳。

某天晚上我從內湖開完劇組拍攝會議叫車，時間已晚，司機說他本來沒有要接單了，準備要關店休息，只是因為我叫車的距離很近，才決定接我的單。司機提到要關的「店」是指車子本體嗎？一問他才知道他是車廠老闆，平常公司給員工顧，因為不喜歡待在同一個地方太久，所以自己出來開車。

還記得某次《地球人遇見小王子》演出結束後，一位老師上前跟我分享他的故事。他表示自己曾經有過和土耳其天文學家相同的生命經驗。他在政治大學求學時期，家裡遇上債務危機，為了幫助家人減輕負擔，在不影響學業的情況下，他選擇大樓保全的工作。他表示當他穿上那套保全制服的時候，感受很不一樣，也有過被住戶拿來舉例警惕小孩的經驗。

回想起這段對話，我試著想像自己穿上保全制服，站上警衛室，我會不會在別人看輕我之前，就先看輕自己了？對於身上這套制服的不光榮感，有多少成分來自過往成長受到的教育？某種程度上，我們的自卑也反應出自己對於這項職業的價值觀，也許在別人還沒有看不起這套制服前，我們就搶先看不起自己身上的制服。

我也完全忘記，自己曾經當過那個看不起保全的人。在我還是學生時，某次跟大樓管理員伯伯為了停車的事情起爭執，對話的細節我早已經忘記，只記得當時為了吵贏，我手指著大樓對面的高中說：「你就是沒有唸書才會在這邊當保全，不然你早在對面當老師！」這句話跟停車的事件毫無關聯，但當下我就是失去理智地想用言語去傷害眼前這個激怒自己的人。我就是聽著長輩用「不好好唸書長大就會跟XXX一樣」這句話長大的小孩。

透過這位老師的分享，我想起那個年少無禮的自己外，我從這位老師的分享中裡看到，一個人不論自己的學歷低或高，都願意為家人解決一個難關，去選擇一個艱辛的工作，而他並不計較那份職業為何。只可惜大人能教給我們的精神只剩下「好好念書」。生活場景中，出現在我們眼前的所有職業，又被這個世界強迫扣上數字的枷鎖，縮小我們思考的空間。

那時候他在國際天文學會上提出一篇很長的報告說明他的發現。但是由於他的服裝不入時。大家都不相信他。大人們就是這個樣子。

與其說大人們就是這個樣子，
不如承認我們都是這個樣子。

輯二

讓善良
成為一個選項，
才能繼續仰望前方

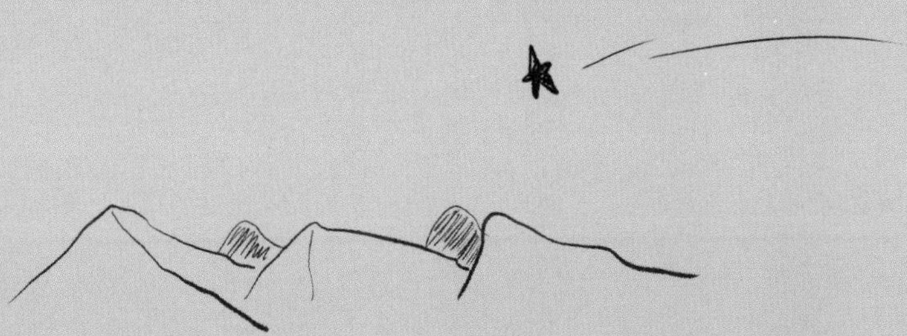

5.

每一天我都能多知道一點什麼，關於那顆行星、關於小王子離開的原因、關於他的旅行。這些慢慢浮現，偶爾也能察覺。第三天，我還知道了巴歐巴樹的悲劇。

這一次，也是幸虧那隻綿羊，因爲小王子突然疑惑地問我：「綿羊吃灌木，是眞的嗎？」

「是啊。是眞的。」

「啊！我好高興！」

我不明白爲什麼綿羊吃灌木有那麼重要。小王子又問：「牠們也吃巴歐巴樹？」

我提醒小王子，巴歐巴樹不是灌木，而是像教堂那麼高的大樹，就算他率領一群大象，牠們也吃不完一棵巴歐巴樹。

一群大象的說法，讓小王子笑出聲來。

「那應該把牠們一隻一隻疊起來……」

不過，他聰慧地補了一句：「沒長大之前，巴歐巴樹也是很小的。」

「沒錯！但爲什麼你希望綿羊吃巴歐巴樹呢？」

他回答我：「喔！你知道的！」好像這是一件再明白不過的事情。我一個人想了好久，爲了弄明白這個問題。

其實，小王子住的星球，和所有其他星球一樣，有好的植物，也有不好的植物。因此，好種子長好植物，壞種子長壞植物。但是，種子是看不見的。它們睡在土壤的祕密裡，直到有一天，某一顆種子突然醒來。它向著太陽，探出頭來，怯生生地吐出一枚動人的嫩芽。如果是蘿蔔或者玫瑰的嫩芽，我們可以讓它愛怎麼長就怎麼長。但是，如果是不好的植物，我們一旦辨認出來，就得立即把它拔掉。在小王子住的那顆星球上，就有一些可怕的種子……巴歐巴樹的種子。它危害到星球上的土壤了。一棵巴歐巴樹，如果我們動手太慢，就會永遠擺脫不掉它。它會長滿整個星球。它的根鬚會把星球扎穿。

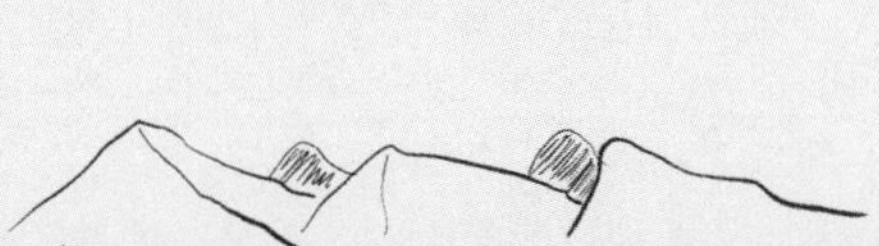

那顆星球本來就小，如果巴歐巴樹太多，它們會把星球擠爆的。

「這是紀律。」小王子跟我說，「每天早上，盥洗完畢，都要仔細打掃星球。必須強迫自己定期拔掉巴歐巴樹，必須把它們從玫瑰中分辨出來，因為它們小的時候長得很像。這個工作很煩人，也很容易。」

有一天，他讓我盡力畫出一張很美的畫，好讓住在我們這顆星球上的孩子都能記住它。

「如果有一天他們去旅行，」他告訴我，「那對他們會很有用。有時候，把一件工作往後拖一下，也不要緊。但如果是巴歐巴樹，那麻煩就大了。我知道有一顆行星，住著一個懶人。他就忽略了三棵灌木……」

憑著小王子的描述，我畫下了這顆星球。我可不喜歡用正經八百的姿態對人說話。但是，巴歐巴樹的危害，知道的人太少，又想到某一顆小行星上迷路的那個人可能會遭遇的災難，我打破了沉默。我說：「孩子們，當心巴歐巴樹！」是為了提醒我的朋友，我才盡力畫好這張畫，他們像我一樣，很久以來不知道這種危險。把真相告訴大家，再麻煩也值得。也許你們會問：為什麼這本書裡的其它畫都沒有巴歐巴樹那麼雄偉？答案很簡單：我試過了，但畫不出來。我畫巴歐巴樹的時候，確實非常著急。

第五話

陽光、空氣、水同時餵養的黑暗

假若小王子真的能夠小心地清除巴歐巴種子，我想他所形容的巴歐巴，指的是小小惡習都可能造成我們很大的生活問題：遲交的作業、虎頭蛇尾的家事、投機作弊的考試、擅自挪用的班費、惡作劇偷拍的底褲。我們可以用些簡單的過錯輕描淡寫地詮釋巴歐巴，也可以用更血淋淋的事件去切入。

在西方宗教文化中，不論是天主教或是基督教信仰很常討論關於人的「原罪」。大家最熟悉不過的故事之一，少不了亞當與夏娃在伊甸園聽信了毒蛇的話，違背上帝的旨意，偷嚐禁果，因此震怒上帝，被趕出伊甸園。從此所有的人類（亞當與夏娃的後代子孫）從出生那刻，都帶著原罪。（聖經記載了七原罪：驕傲（Pride）、憤怒（Wrath）、妒忌（Envy）、不貞潔（Lust）、貪食（Gluttony）、懶惰（Sloth）、貪婪（Greed）。）

對天主徒與基督徒而言，這是一段真實發生過的歷史，對於其它信仰或是無神論的人來說，這只是一篇神話故事，然而不論你用什麼角度去看待，都不可否認我們自身所共存的巴歐巴種子——那些在心理學上提到人的劣根性。

我不是人類學家，我不能透過我的書籍或演出斬釘截鐵地告訴你，這是人類天生的或這全是後天養成的。我唯一能做的，是像飛行員在書裡警告朋友們的方式提醒你，我們每個人都有自己的巴歐巴，也許清除不掉，但我們得學習去意識那樣的自己，更了解自己，並且與那個最黑暗的自己謹慎地共存，假若放任，你我隨時都可能被巴歐巴給吞噬。

讓我們在此模擬一個情境：一個六歲小孩在家鬧脾氣，父母的咆哮斥責還是無法阻止孩子哭鬧，此時父母威脅：「你再哭！我就沒收你最喜歡的玩具火車！」

父母精準地拿出孩子的心頭肉當籌碼，知道他平時最在意、最呵護的是什麼，那是一台姑姑從日本帶回來的限量版火車，在這個小孩所有玩具車子中，他視它為珍寶，其它的玩具車都能在地上滑動，唯有這台不行，如此小心翼翼就是深怕火車上的金色烤漆會刮出傷痕。父母明白這點，出此下策來阻止哭鬧，孩子因受到脅迫感到更加憤怒，奮力搶回爸媽手中的玩具火車，那個瞬間並不見那孩子呵護自己的火車，而是氣急敗壞地將火車砸碎。

小孩摔玩具，我想這是每個家庭最常見到的日常。到底要長到多大，我們才能夠開始對自己的每一個意念跟行為產生意識？自己在憤怒時會出現什麼動作？自己在嫉妒別人時會有什麼念頭？面對拒絕或失去一個機會時，會下什麼樣的決定？性渴望當頭時該怎麼解決？

「誰都不要逼我，誰再逼我，連我最愛的火車我照樣可以毀掉給你看。」

這名六歲的孩子晃眼成為一名三十歲的成人，當他面對交往六年即將跟他分手的伴侶，他該如何處理他的情緒？

一九九八年清華大學女研究生溶屍命案，洪曉慧與好友同時愛上同一名學長，為此兩人相約學校演講廳談判，過程中產生爭執扭打，洪曉慧以雙手掐住同學頸部，朝地面撞擊，導致好友頭部因重擊地面大量流血，最後昏迷。她最後前往輻射生物研究所實驗室內以硝酸、鹽酸混合成王水，以王水溶屍。

二〇一五年高雄醫學院學生黃靖亞為愛弒友、二〇一七年台大研究生宿舍前深夜潑硫酸、二〇一八年至少有四起以上分屍命案，當年十月中壢梁姓男子將母親斬首將其頭顱從十二樓高空拋下，二〇一九、二〇二〇、二〇二一……

以上新聞報導中提到的幾所學校都很棒，有些還是高材生，還記得第一話我的提問嗎：「考第一志願的孩子的爸媽們，您的孩子滿分，真的從來都不用擔心了嗎？孩子的智商很高，那情商呢？」

每每類似的新聞出現，學歷總是第一時間被拿來撰文報導的其中一項：

「XXX品學兼優，全校排名第一，我們很訝異他竟然會有這樣的舉動。」

「XXX平時在家裡都很乖的，從小念書都不讓人擔心的小孩，怎麼突然性情大變？」

「在班上XXX跟別人互動都很有禮貌，看起來不像是會做出這種事情的人。」

有時看到這些以學歷下標的報導時，就想問：「怎麼樣？考第一志願的人都不會殺人，就只有私立高中，私立職校或最後一名的中輟生才會？」成績真的跟一個人好壞絕對相關嗎？人生中，我們不停地被數字制約，連發生悲劇的時刻也不放過。看到高材生殺人就驚呼：「怎麼會？」看到中輟生殺人就感嘆：「難怪！」真的只有這樣的二分法嗎？

將罪惡拋開數字，你跟我隨時都可能會是罪犯。當生命遇上過不去的關頭，巴歐巴讓我們做出的選擇，使我們成為一個罪犯（殺人、偽造文書、詐欺、侵佔……）。臺劇《我們與惡的距離》演員謝瓊煖最為經典的台詞：「全天下沒有一個爸爸媽媽，要花個二十年，去養一個殺人犯。」我們都不可能是父母精心調教的殺人犯，小時候父母肯定告訴我們許多關於道德的觀念，即便如此，都不能阻止這些不知何處吹來自己星球的巴歐巴種子，那我們還能做什麼呢？更多的自我意識，然後練習自己與它抗衡，我們不可能是聖人，但也要努力不被這些罪惡給吞噬。

我可不喜歡用正經八百的姿態對人說話。但是，巴歐巴樹的危害，知道的人太少，又想到某一顆小行星上迷路的那個人可能會遭遇的災難，我打破了沉默。我說：「孩子們，當心巴歐巴樹！」他們像我一樣，很久以來不知道這種危險。

6.

啊，小王子，我終於慢慢明白：你小小的生命含著一種憂傷。很長一段時間，你僅有的樂趣，就是欣賞落日的溫柔。這個祕密，我是第四天早上發現的。你對我說：「我最喜歡黃昏了。我們去看落日吧……」

「可是，得等一等……」

「等什麼？」

「等太陽下山呀！」

你的表情先是驚訝，然後就自己笑了起來。你告訴我：「我還以爲是在我家呢！」

確實，美國正午時分，法國太陽西下。這個大家都知道。如果你一分鐘內飛到法國，就直接跳進了黃昏；可惜，法國太遠了！但在小王子的那個星球上，你只要挪一挪椅子，就行了。只要你願意，任何時候，你都可以看到落日……

「有一天，我看了四十四次落日！」

過一會兒，你又說：「你知道……人非常悲傷的時候，就喜歡看落日……」

「那麼，看四十四次落日那一天，你一定很悲傷吧？」

但小王子沒有回答。

第五天，也是多虧了綿羊，我發現了小王子生命中的另一個祕密。毫無預兆，他突然問我，像一個深思很久的問題：

「如果綿羊吃灌木，那牠也吃花嗎？」

「綿羊吃牠遇到的所有東西。」

「長了刺的花也吃嗎？」

「對。長了刺的花也吃。」

「那些刺，到底有什麼用？」

我眞不知道。我當時正忙著拆引擎上擰得太緊的一顆螺絲釘。我憂心忡

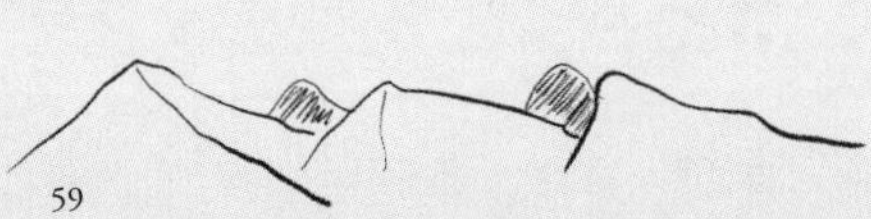

忡，因爲發現飛機的故障很嚴重，更糟的是，喝的水也快用完了。

「那些刺，到底有什麼用？」

小王子一旦問了問題，就會抓住不放。我被那顆螺絲釘弄得很生氣，於是隨口回答：

「那些刺啊，毫無用處，純粹是花在使壞！」

「喔！」

一陣沉默之後，他氣憤地質問我：「我不相信你！花很脆弱。它們很天眞。它們盡力保護自己。它們以爲自己有了刺就可以嚇住人……」

我沒有回答。那時我正想：「如果這顆螺絲釘再這麼頑固，我就一錘把它砸掉。」

小王子又來干擾我的思緒：「你，你眞的相信那些花……」

「好了！好了！我什麼都不信！我只是隨便說說。我正在忙重要的事呢！」

他吃驚地望著我。

「重要的事！」

他看我手裡拿著錘子，手指被機油塗得烏漆抹黑的，俯身在一個他覺得非常醜陋的東西上。

「你說話跟那些大人一樣！」

這句話讓我羞愧。他又加了無情的一句：「你把一切都搞混了……你亂七八糟！」

他眞的很生氣。他拚命搖頭，金髮在風中飄。

「我知道一顆星球，上面住著一位紅臉先生。他從來沒聞過一朵花。他從來沒看過一顆星星。他從來沒愛過一個人。除了算加法，他什麼也不做。他和你一樣，整天只會重複：『我有重要事要做！我有重要事要做！』這讓他傲氣十足。但他根本不是個人，他是個蘑菇！」

「是個什麼？」

「蘑菇！」小王子氣得臉色發白。

「花長刺，已經幾百萬年了。同樣，綿羊吃花，也有幾百萬年。去弄明白花爲什麼要辛辛苦苦長這些沒用的刺，難道不是重要事嗎？綿羊和花之間的戰爭，難道就不重要嗎？難道這不比紅臉先生的加法更重要、更嚴肅嗎？

如果我知道世界上獨一無二的那朵花，它只在我的星球上，別的地方都沒有，但某天早上，它可能會被一隻綿羊莫名其妙地一口吃掉，這事難道不重要嗎？」

他紅著臉，接著說：「如果一個人在幾百萬顆星星之中，愛獨一無二的一朵花，那麼他只要望著，就會很快樂。他會告訴自己：『我的花就在那邊……』但是，如果綿羊吃掉了那朵花，這對他，就像所有的星星全都熄滅！這難道不重要嗎！」

他再也說不下去。他突然哭了。夜色降臨。我放下手中的工具。我不在乎我的錘子、螺絲釘、口渴或者死亡。在一顆星星，也就是在我的地球上，有一位小王子需要安慰！我把他抱到懷裡。我搖著他。我安慰他：「你愛的那朵花，不會有危險的……我會給你的綿羊畫一個嘴套……我還會幫你的花畫一個圍網……我還會……」我不知道還能說些什麼。我感到自己很笨。我不知道該怎樣追上他，去哪裡找回他……眼淚的國度，多麼神祕啊！

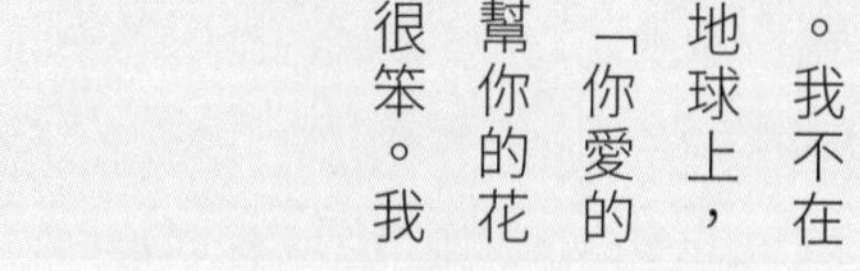

第六話
帶刺的黑魔女

雖然說這麼多年過去了，看到繼母臉書的照片，當下心中還是略微顫抖，她是一個曾經讓我想要把她全身上下毛髮剃光的女人；是一場曾經讓我和我妹童年活在地獄般的夢魘；是一段我們到現在偶爾會拿出來說嘴的荒謬回憶。

大概三年前，我的臉書訊息收到一張來自我妹的截圖，不知道哪來的念頭，讓她心血來潮在網路上搜尋我們繼母的帳號，想不到還真的被她找到，她擷取她的臉書圖片後傳給我。

妹：「怎麼樣？」

我：「什麼怎麼樣？」

妹：「好想嗆她喔！」

我：「神經喔！」
妹：「不行喔？」
我：「算了啦！」

我的父母在我很小的時候離異，打從我有意識以來我就是跟著繼母生活，對於第二任媽媽的記憶比生母還在家裡的記憶更為清楚。我從小是被繼母「待」大的。

小時候我的睡床是用巧拼墊拼湊堆疊而成。某次打掃房間時，為了方便擦拭地板需將巧拼層層翻開，當我掀開巧拼，地面竟然濕濕的，繼母問我是不是尿床？我否認，她認定我說謊。這樣來回僵持下去肯定對我不利，為求自保只能被逼著承認自己尿床，她要求我把地板舔乾淨。我跪著舔了地板，口感冰冰的，有些碎沙石與毛髮，也聞得到一股抹布的味道。那根本不是我尿床，是因為房間反潮悶在巧拼底下的水氣！

以前被要求自己穿的襪子要自己洗，這很合理。但有過洗襪子經驗的各位肯定非常清楚，穿過的白襪底，黑了就是黑了，再怎麼洗都不可能洗回正白色（我不確定現在是否有更強的洗劑問世，說不定真的可以。）但當年以一個國小生的技術，你覺得能白到哪裡？某天，我將襪子洗完後拿出去晾乾，灰灰的襪底遭到繼母質疑我沒洗乾淨，她拿著濕搭搭的襪子，要我咬著，跪在浴室中反省。我當然無法抗拒，想死嗎？襪子咬了，就這麼跪著。

關於洗衣服的故事還有一樁。

國小生在學校追趕跑跳碰把衣服玩髒總是難以避免，想必孩子們的髒衣服都是各個家庭會面臨的一大挑戰。某天穿著玩髒的衣服回到家，被繼母警告：「玩這麼髒！今晚不准洗澡。」這種具有威脅性的警告語，我們都會腦補認為，主要是提醒你「下次不要再玩這麼髒了」，怎麼可能真的要你不洗澡呢？於是當晚我如常地去洗澡，洗完澡一打開浴室門，繼母說：「你把我的話當耳邊風是不是？」結果挨上一陣打。某天，我又把衣服玩髒回到家，又得到了不准洗澡的警告，這次我學乖了，一直到深夜都不敢洗澡，當我爸問起：「怎麼這麼晚還不去洗澡？」我說：「阿姨不准我洗。」我看到了繼母露出哭笑不得的面貌：「哪一次罵你跟你當真，趕快去洗澡。」當下我真的是一百萬個問號，大人真的好奇怪。某天大半夜，她把我從睡夢中挖起來，要求我脫光衣服走出門，我就這樣光著衣服在家門口進退兩難，退回家裡會挨打，跨出家門她又會大喊：「快來看！宮能安沒穿衣服！」

不是啊！做人未免也太難了吧！

卡通中上演的角色被砸、被打、被摔，眼冒金星原來是真的，我自身對於那個體感畫面非常熟悉，每當她怒氣當頭，上前甩你一個耳光，你得有心理準備，因為這一掌耳光不是結束，而是開始。被連續甩巴掌後，眼前是一片炫目的黑，出現微微一條橫光束，腫熱的臉頰，伴隨著高頻率的耳鳴聲。這樣的「耳光套組」並不罕見，是我的家常便飯，也造就我現在在排練場上只要犯一點失誤，常常無意識會賞自己耳光，劇組夥伴常因為我下意識的行為傻眼。「有這麼嚴重嗎？」「不用這樣打自己吧？」同組演員們這麼說著。但我仍執著於剛剛場上所犯下的失誤，我想這個巴歐巴是從小養大的吧。

這位繼母在咱們宮家「習武」可堪稱一代宗師，足以讓人跪地求饒的招式有：「灼掌鐵絲甩」（衣架打手）、「乾坤挪臟大法」（曬衣桿或腳打擊腹部）、「餘音繞腦」（洗澡水瓢敲頭，我妹被砸過眼窩），最常見的招式是「催淚一叩手」（手握拳，中指指節突出後朝腦勺尻過，此招式後勁最為強烈，疼通感在幾秒後綻放，眼淚也隨之而出）只可惜這些招式不是用來應付壞人，而是全部施展在我與我妹身上。

我的左眉毛上方也有繼母神功到此一遊的痕跡。偶爾跟朋友用餐時，會聽到朋友說：「你的筷子拿得很標準欸。」每當這個時刻，我心裡還是會微微地感激我的繼母。她對我的餐桌禮儀管教甚嚴，我覺得這大概是她唯一留給我最有價值的教導。我的筷子之所以拿得標準，完全拜她所賜。但這學拿筷子的過程，也是經過一段天堂路，吃過一段苦。

某天中午用餐，筷中的魚肉不慎落地，繼母憤而拍桌：「你覺得我抹地很輕鬆嗎？」我搖頭。「去拿水桶裝水！」我照做。「頂著，跪著！」我跪。「自己說跪多久？」多麽想要回答一分鐘，但我知道講太少會被打，講太久我又撐不住，我看著時鐘心想，秒針轉十圈好像也還好，那就：「十分鐘。」想不到我低估了秒針的速度，也高估自己的實力，不知道過了多久，我實在撐不住，頭上的水灑落一地，說時遲那時快，許多餐具向我飛噴，我已記不得她朝我扔上哪些東西，只記得下一刻我被帶到浴室去清理自己，洗把臉後看著地板上的白瓷磚有血滴，她K了我的頭：「不用看，血是我的。」當時我沒有多想，相信地板上的血滴是她的。但現在回想起來覺得疑點重重，剛剛被打的是我又不是妳，地上的血怎麼會是妳的？難道是經血外流？

從此之後我的左眉上缺了一角，留下一道疤。事後我爸問我眉毛怎麼一回事？我害怕從實招來又會被打，「我睡覺自己撞到牆。」我說。一個人睡覺翻身要有多大的力道才能把自己的眉毛撞掉呢？長大後，每當繼母談起我眉毛上的疤，總是說：「這是你小時候自己睡覺撞到的。」妳是忘記了？還是害怕想起來？

也就是為什麼，我曾經有一段時期的願望是：等有一天長大了，我要把她身上所有的毛髮剃光已示懲戒。當然這是只是一個曾經的復仇念頭。

升國一的那年，我認識一個好朋友，他聽完我國小種種的荒唐故事，激動地說要幫我出一口惡氣，於是某天放學後，我們帶著虎口鉗，騎腳踏車到我家樓下，準備要剪斷我繼母那台50ＣＣ的機車煞車線。就在準備要剪斷的瞬間，我喊停了！我不知道為什麼，是我害怕出人命？還是害怕為自己帶來更大的災禍？我不確定，但我到現在仍很慶幸自己踩了煞車。那天我跟朋友就這麼散會，報復計畫就此石沉大海，再也沒有策劃過任何報復行動。

如今事隔十多年，科技發展到有臉書，我沒想到我妹會起心動念去搜尋這個女人，看著她的大頭照，心有餘悸，不過我阻止了我妹一時興起的碎嘴網路攻擊計畫。這麼多年過去了，我們曾經過得很痛苦，現在過得很好。我願意相信當時可能有很多因素影響她對我們兄妹倆做出這麼可怕的事情。

我的這些故事常常引起聽者皺著眉頭問：「那你爸去哪裡了呢？」「他都不知道嗎？」有時候我還真不知道該怎麼回答。但就我所知，這些嚴刑拷打都是在我爸不在家時發生的，只要我爸人在，我就有安全牌，要是我爸不在，那麼我今晚能否順利一覺到天明，可要看運氣。每次深夜被她開燈拍牆叫醒，我都會故意哭喊得很大聲，希望爸爸聽到，但最可怕的就是，她會推開房門對我說：「不用哭了，你爸不在。」這時我就會知道他又去應酬喝酒，所以今晚死定了。

故事聽到這裡，除了引發你心裡對我的同情外，不知道有沒有讓你對這個女人感到嫌棄厭惡？不過從這個篇章開端寫到這裡，我其實只跟你說了一個關於《睡美人》的故事，那故事裡的黑魔女的故事呢？

什麼原因導致這樣一個女人會去虐待別人的小孩？出於自己沒有孩子的嫉妒？先生是海軍長期不在家的孤寂？先生在其它地方花天酒地的猜忌？也許夜深人靜時這位軍人對她起手動腳？或是她的原生家庭，到底又是如何呢？

以上的資訊，我沒辦法在書中告訴你更多，不是我不願意，而是我不知道、也不確定。對於她和父親的婚姻關係，我絲毫沒有頭緒，我都自顧不暇了，哪有心思管她是怎麼和我爸相處的。所以我能跟你分享的，只有我自己從小到大的視角所經歷到的。當我講完自己的故事，你是否會希望故事裡的壞巫婆能得到惡果呢？若是今天能夠邀請到繼母，在這本書中也給她一個章節的機會來撰寫她的過往，不知道你的想法是否又會改變？

接下來想和大家聊聊一個耳熟能詳的故事。

迪士尼出品的《睡美人》，大家應該不陌生，一位名為奧羅拉的公主在滿月生日宴會上，被一位不請自來的女巫下咒，在十六歲那一年，她將會摸到紡織車的針頭，然後沈睡不醒，直到她遇上真愛之吻為止。這場原本充滿喜氣的生日宴會立刻變調，國王下令燒毀全國的紡織車外，同時秘密地把公主送出宮外交給三位仙子照料。十六年來必須與自己的獨生愛女分開，多麼可憐的一家人。這個版本的故事裡，沒有人知道女巫為何如此狠心，據說她是因為沒有收到國王的邀請，所以非常的憤怒。卡通的尾聲，我們看到菲利普王子英勇地解救公主，並且戰勝這頭女巫化身的巨龍，在一陣追打中，最後女巫墜落而亡。壞人滅亡，好人獲勝，多麼美好的結局。

實際上有多少人發現，整個故事我們只聽了「一半」或是只聽了「一版」。第一次聽到《睡美人》的我們不論在枕邊還是在電視機前，還會渴望得到更多故事裡的其它資訊嗎？還是已經滿足地安穩睡去？

直到二〇一四年迪士尼出品的《沈睡的魔咒：黑魔女》，首次讓我們瞭解到這位邪惡的魔女長刺的原因。原來在《睡美人》卡通裡這位經典反派角色黑魔女名為梅菲瑟，透過這位反派的主觀視角，我們才發現這位對奧羅拉公主施咒的壞人，有過悲慘的遭遇。曾經在年少時，她認識了一個意外闖入仙境的人類男孩史蒂芬，他們的感情很好，卻沒想到這位她深愛的人類男孩長大後，為了爭取下一任王位繼承權，趁她熟睡時，割取她的翅膀去交換王位，這個環節是小時候的我們從來不知道的事情，而這個故事裡頭的男孩史蒂芬正是《睡美人》裡的國王，奧羅拉公主的父親。曾經在《睡美人》中，我們給予這個父親高度的同情，對魔女極度的憎恨，是啊，多麼可憐，一位被迫與女兒分開十六年的父親，是啊，多麼可惡，這個破壞家庭的惡女。直到今天迪士尼才讓我們知道，這位國王也做過傷害別人的事，而我們絲毫不知，也不想再理解更多。

從二十世紀聖修伯里的《小王子》到二十一世紀迪士尼的《黑魔女》，這些文字或影像作品，都試圖提醒我們反思生活中的善與惡並非只有二元論。時代變了，創作人說故事的方式也開始改變，電影曾經一面倒地帶我們仇視反派，到現今，不少電影開始帶我們看到反派角色內心的渴望，有趣的是，有些電影看完之後，你確實還是希望好人戰勝，但對於某些反派角色，你反而會對他們產生憐憫或是理解，甚至有一絲認同。《復仇者聯盟4：終局之戰》中的薩諾斯就是個很好的例子，他仍然是個反派，但你卻能在電影中有機會理解他心中渴望的理想為何，只是他為了達到自己的理想，過程中做出的破壞讓多數人無法接受，不過也許有觀眾很認同薩諾斯的做法也說不定。

回到我們的生活現場，不論是你看不順眼的同學、渣到不行的前男友、沒水準的樓上鄰居、尖酸刻薄的上司、貪心的親戚……，這些稱謂的前面，都貼著一個「標籤」，肯定發生了某件事情，讓我們受傷了，所以我們需要向親友閨蜜吐苦水。但當我們在某間餐館跟親友抱怨我們口中的賤人跟爛人時，另一間餐廳的對談中，我們也是別人嘴裡那個愛搶風頭的同學、無理取鬧的前女友、大呼小叫的樓下鄰居、辦事不利的員工、斤斤計較的親戚⋯⋯。其實，你我都是善良、脆弱、自私又帶刺的花，為了保護自己不要受到傷害，我們會做出一些自私的行為，長出刺，為了守全或滿足自己，往往同時也刺痛了別人。

作者布萊恩．金恩在《為什麼那麼愛說謊》書中提到「我們是天生的騙子，平均一天說六次謊言。」我們確實是如此。若我們是一朵堅強又勇敢的花，我們就能每天面對實話，但事實證明無法，我們每天都在說謊。大的、小的、善意、惡意都好，這些刺都是為了保護我們不受到傷害。幾世紀來，人類從不停止生長謊言這種無用的刺，然而刺有時也保護不了我們，羊一口就能讓我們消失，那除了攻擊一朵帶刺的花以外，難道沒有更重要的事嗎？去理解一個人長刺的原因，難道一點都不重要？

臺劇《我們與惡的距離》裡頭的律師王赦，在劇中他試圖理解每一朵花帶刺的原因，當整個社會都在網路上進行公審時，王赦教我們要花時間挖掘並多重反思每件事問題的核心，然而追劇的我們看似大徹大悟，但當影集播完回到現實生活，人們實際獲得什麼改變？日常中我們願意花多少時間去翻閱更多事件資訊，去多思考問題核心？還是自行片面結論後，就不再接納與自己不同立場的發表？

只求眼前認定的惡人有個慘痛的下場，好讓我們能在手機前直呼痛快？當然我們看了一篇《睡美人》（一篇爆料文、訊息截圖、新聞三分鐘報導……），即刻展開網路公審，在ＰＴＴ、ＩＧ、臉書上張牙舞爪。實際上，我們與罪惡的距離究竟有多近呢？

「我會讓你死得比我更難看。」「我要報復你！」「我要弄死妳！」這些話很常出現在生活衝突中。在某些宗教和社會的理念中，提到善惡有報，天理公道。因果報應警惕我們不要行惡，然而人們往往把報應跟報復混為一談，我受傷了你也別想好過、我失去了，別人也別想得到。這過程當中，某些花就一朵朵地讓羊給吃掉了。

報復心態讓我們為討厭的人打造髒話藏頭詩，拿馬桶水清洗環保筷，用她喜歡的男生照片辦假帳號騙她聊天，再公開內容，立可白在桌面塗鴉臭爛貨的大標語。更嚴重點，烙人幹架，家門放火，虐待鄰居的狗，也包含了我國中時差點剪斷的那條煞車線。接著有些人開始用藥，有些同事開始自殘，有些同學開始請假，有些明星、政客就這麼往下跳。這個星球上，那朵父母生養、獨一無二的花，整個班級到整個社會讓它消失了，這難道不重要嗎？

曾經我一心想傷害那些傷害我的人，至今，我選擇相信每個傷害中有太多我不理解的成因。我當然有權利遠離刺傷我的花來保護自己，但不代表我需要去傷害那朵花來滿足自己。當我們試圖去理解對方，釐清事件，覺察自己，反而能讓自己更長智慧。

學習如何以智慧面對帶刺的花，這是一個永恆的難題，但值得我們學習。

如果你問我原諒繼母嗎？

不，我不會原諒她。

沒有一個人有權利去虐待另一個人，但如果這麼多年來，我一心計畫登門廝殺，我又能得到什麼呢？我的生活會更好嗎？整個社會會因為她的消失而減少虐童案件嗎？狠狠的報復就能讓我心裡的痕跡消失嗎？

當《與惡》的王赦和《小王子》都相信每朵花帶刺有原因，那麼看完這部熱門影集與經典名著的我們當下只是跟個風，拍張照，打句經典名言在臉書ＩＧ做表象的反思，回到生活後，繼續攻擊身邊每朵帶刺的花，合理自己身上的每一根刺，這過程是否略顯荒謬？

我相信我的繼母在那段婚姻中並不快樂，我相信當時有很多我不知道的痛苦在她身上發生，只是她不該用如此極端的手法在我和我妹身上分享她的不快樂。如今，我身體內外都有她的刺來過的痕跡：我進到一個空間會習慣性鎖門，我不喜歡聽到門外有鑰匙探入門孔開鎖的聲音，我不喜歡我家客廳黃昏的光影，家中老公寓一樓的鐵門聲總是讓我不安……，除此之外，我現在過得很好，也努力讓自己更好。我更沒想過，我能引用她在我身上留下的足跡，化為文字產生能量和更多人探討至此。如果我的這段故事寫到這裡，可以讓某些人試著重新去看待同學、學生、上司、前男／女友、公婆……，那麼我生命裡這段黑暗的曾經，就產生了最大的價值。

「花長刺，已經幾百萬年了。同樣，綿羊吃花，也有幾百萬年。去弄明白花爲什麼要辛辛苦苦長這些沒用的刺，難道不是重要事嗎？綿羊和花之間的戰爭，難道就不重要嗎？難道這不比紅臉先生的加法更重要、更嚴肅嗎？如果我知道世界上獨一無二的那朵花，它只在我的星球上，別的地方都沒有，但某天早上，它可能會被一隻綿羊莫名其妙地一口吃掉，這事難道不重要嗎？」

「這世界上沒有壞人，只有壞的情況。」

——電影《與神同行2》

輯三

愛喲！
愛不只是擁有

8.

對小王子的這朵花，我很快有了更多的瞭解。在小王子的星球上，一直有一些非常單純的花，只長一個花瓣，它們不占空間、不打擾任何人。早晨，它們出現在草地上，到晚上就凋謝了。但是，有一天，不知從哪裡飄來一顆種子，它發芽了。小王子小心地盯著這棵幼苗，它與衆不同。也許是一種新的巴歐巴樹。可是，這棵幼苗很快就不長了，它準備開花。小王子目睹了這朵蓓蕾的誕生，感到某個奇蹟就要發生，這朵花卻躲進她的綠色花房，不停地裝扮，讓自己美麗。她細心挑選自己的顏色。她緩緩地穿上衣裳，一片一片調整花瓣。她不希望像罌粟花那樣，全身皺巴巴地出門。她只想在美的光輝照耀下露臉。對呀！她愛漂亮！於是，神祕的打扮，一天又一天持續。然後，到了一個早晨，就在太陽升起的那一刻，她終於出現了。

裝扮了那麼長時間，她卻打著哈欠說：「啊，我剛醒來……請原諒……我還沒梳好頭呢……」

小王子情不自禁地讚美：「你眞美啊！」

「可不是嗎？」那朵花柔聲回答，「我是和太陽一起誕生的……」

小王子早料到她不會太謙虛，但她是那麼動人！

很快，她又說：「我想，現在該用早餐了，能不能請你好心爲我……」

於是，十分尷尬的小王子找來一壺清水，爲那朵花服務。

就這樣，在有點多疑的虛榮心推動下，那朵花開始折磨小王子。比如，有一天，說到她的四根刺時，她告訴小王子：「那些長著爪子的老虎，讓牠們來好了！」

小王子反駁：「我的星球上沒有老虎，老虎又不吃草。」

「我又不是草。」那朵花柔聲回答。

「對不起……」

「我一點都不怕老虎，但我怕穿堂風。你有沒有一扇屏風？」

「怕穿堂風……對一棵植物來說，這眞是不幸啊。」小王子說，「這朵

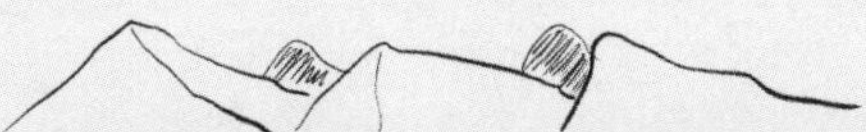

花還眞是複雜難懂……」

「晚上您把我罩起來吧。您這裡好冷。眞是沒選對地方。我原來住的地方……」

她忽然閉嘴不說了。初到這裡時，她還只是一顆種子。她根本沒見識過別的地方。她覺得丟臉，因爲說這麼天眞的謊言，卻被人識破，她於是咳了幾聲，好把過錯推到小王子身上：

「屛風呢？……」

「我馬上去找，但你一直跟我說話！」

她硬是又咳了幾聲，好讓小王子更內疚。

就這樣，儘管充滿了愛意，但小王子很快懷疑起她來。因爲他把無關緊要的話聽得太認眞，他變得很不開心。

有一天，他說了實話：「我眞不該聽她的，永遠都不該聽花的話。應該欣賞她們，聞聞她們的花香。我的花讓我的星球飄滿芳香，我卻不懂得欣賞。老虎爪子的故事，本來是爲了逗我的，我卻生氣……」

他又坦誠地說：「當時我不知道該怎樣去理解！我應該這樣判斷：不是

聽她說什麼，而是看她做什麼。她給我芳香，又給我光亮。我不該這樣逃離！我應該猜到她小小伎倆背後的柔情。花就是這麼矛盾！但當時我太小，不知道該怎樣去愛她。」

9.

我認爲，他之所以能逃離是因爲有一群候鳥幫忙。出發那天早上，他整理好他的星球。他仔細打掃了活火山。他有兩座活火山。早上熱早餐，這倒很方便。他還有一座死火山。不過，像他說的：「誰知道呢！」所以，他把死火山也打掃乾淨。如果有人好好打掃，火山會有規律地緩緩地燃燒，就不會噴發。火山噴火跟煙囱冒火是一樣的。顯然，在我們的地球上，我們太矮小，沒法去打掃那些火山。這就是爲什麼火山會給我們帶來這麼多麻煩。

懷著憂傷，小王子拔掉了最後幾棵巴歐巴樹的幼苗。他覺得自己再也不會回來了。但那天早上，這些熟悉的工作，突然讓他十分開心。最後一次爲那朵花澆水，準備給她罩上玻璃罩時，他發現自己很想哭。

「再見了！」他對花說。但是，花沒有回答他。

「再見了！」他又說了一遍。花咳了一下。但不是因爲著涼。

花對他說：「以前我眞是太傻了。請原諒我。你一定要快樂起來！」

小王子很驚訝，花竟然沒有責怪他。他拿著玻璃罩，愣在那裡。他無法理解這份平靜的溫柔。

花對他說：「是的，我愛你。你完全不知道這一點，那是我的錯。這些都不重要。你也和我一樣傻。一定要快樂起來……別管玻璃罩了。我不需要它。」

「可是，風……」

「我的感冒沒那麼嚴重……夜間的涼風對我有好處。我是一朵花啊。」

「可是，那些動物……」

「如果我想和蝴蝶交朋友，就得忍受兩三隻毛毛蟲。蝴蝶很美呢！否則，誰會來拜訪我呢？就要遠行了。至於那些大動物，我一點也不怕。我有我的爪子啊。」她天眞地把四根刺露出來。然後，她又說：「別這麼拖拖拉拉了，這樣很煩人。你決定了要走，那就走吧！」

她不希望小王子看到她流淚。她是一朵非常驕傲的花啊……

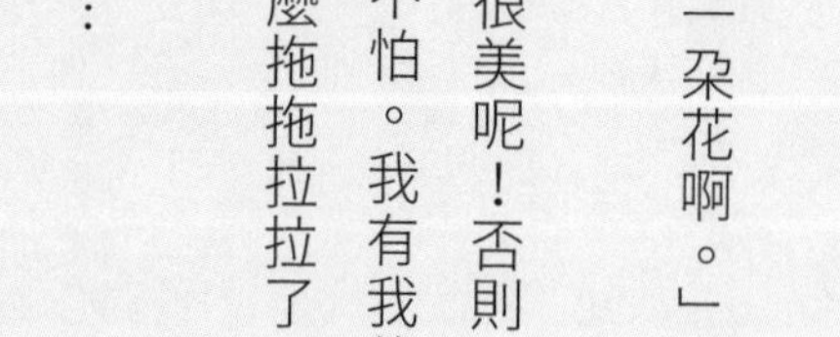

第七話

隨陽光誕生的玫瑰

那晚，趁著家人入睡，我悄悄外出，牽了腳踏車就拼命地衝刺，不知道哪來的話題，哪來的毅力，死命地不希望黑夜過去，兩人昏昏沈沈地撐著聊著，我們就這麼睡著了。天都還沒亮，我就被窗外的第一班火車聲給驚醒，枕邊的人被我的驚醒給驚醒，我們沒睡飽，心卻很醒，一同走到書房，迎接那一天的第一道陽光，也迎接了我在高中的第一道陽光，初戀。

那朵花溫柔地回答。「我是和太陽一起誕生的……」

愛情，老而不掉牙的重量級人物，它掌控人類的喜、怒、哀、樂。在本來一成不變的生活中，往往一個不經意，它就會隨著太陽誕生在我們的星球上，所有的狀況迎面而來，措手不及的我們無從準備起，只能在一陣忙亂中去學習去澆灌、修剪、豢養，最後練習接受它的凋零。

當玫瑰出現在生活裡，隨之浮現的是各種沒見過的自己，本來不能忍受的事情，喜歡的人來做，我們突然能接受了；本來不會生氣的事，喜歡的人來做，我們反而生氣了。很多人會說，透過戀愛我們學習認識自己，但我倒覺得，有時候透過戀愛，我們反而變得不認識自己——進而發現我們本身就是一個非常複雜的個體。當愛上一個人時，等於我們還要在生活上融合另一個複雜的個體，整個過程固然有所美好，但也有不少費力的時刻。每當我們開啟一段新的戀情，就要重新去認識兩個人。有些時刻我們會是那朵以自我為中心的玫瑰花，只想享受被優先照料的感覺；有時候我們反倒變成那個挨打任罵的小王子，細心呵護那每天要準時澆三次水的玫瑰花；有時一個不小心，我們會粗心大意地戳破玫瑰的小心機，對方也許在向我們展露最具自信的芒刺，想要從我們口中得到更多的讚美，我們卻往往在還沒聞到花真正的渴望之前，就朝玫瑰潑冷水：「我的星球上沒有老虎，老虎又不吃草。」讓對方感到又生氣又無奈。

「你覺得染土耳其藍適合我嗎？」

「洗不到一個禮拜你就會褪成台客金！」

「……」

「我可以直接灌籃！」

「信義國小的球框不是本來就不高嗎？」

「……」

「我煮的好吃嗎？」

「跟樓下買得差不多。」

「……」

「剛剛有感覺到影廳椅子在震嗎？我特地挑聲動影廳。」

「是喔？我還以為是椅子太舊。」

「……」

我不喜歡跟人在聊到花的象徵時，讓大家直覺反應花是指稱女性，自古以來不論詩人或是文學家，在詩詞散文作品中也常以花來形容女性，我想大部分的原因也許是因為花朵本身的外在姿態伴隨了關於美麗、漂亮、嬌豔、芬芳等形容詞彙，日常中我們也慣用這些詞彙來形容女性，促使花很容易被聯想到某一性別。「好複雜」、「很難懂」諸如此類的標籤更是常常出現在女性身上。

在網路上的圖文創作或是 Youtuber 影片創作中，常常看到以情侶生活發生的各種情況來作為主題，不得不承認，這些作品之所以能讓我們在螢幕前會心一笑後廣傳分享，是因為我們對於當中情節有高度共鳴。例如，當你看到一個女孩子擺臭臉時，你問她說：「你在生氣喔？」女生回答你：「沒有！」男生：「喔喔！你臉看起來很臭，我剛剛還以為妳在生氣咧，沒事就好，那沒事的話，我先去打球囉！」結果立刻招來女生一陣打罵：「欸！我跟你說我沒有在生氣，你就真的覺得我沒有在生氣喔？」若是你再多問：「那妳到底有沒有在生氣？」也許還會得到鬼打牆的答案：「沒有！」相信大家對這樣的生活場景並不陌生。不過這麼一面倒地說女生複雜，我覺得是不公平的，男生怎麼就好懂了？男生怎麼就不複雜了？男孩們捫心自問，有多少時候我們自己不開心時，也是選擇悶著不講，別人再怎麼問，仍一口咬著說：「沒事！」即便明明心中有一堆獨白，我們依舊堅決不鬆口，自己悶著不爽。

所以對我而言，若是只以女性討論玫瑰花，反而侷限了玫瑰花本身所展現的精神。與其將「玫瑰」與「王子」分類為女性與男性，我傾向將兩者比喻為我們自身情感上的多元狀態會比較貼切。人在生活中的狀態很多元，有時很彆扭，有時候很憂愁，有時很害羞，有時候也會很「玫瑰」或是很「王子」。

當我們接受在感情中那個多變又難以預測的自己時，就能明白我們都是如此脆弱、自私、複雜、渴望被愛，身上又帶刺的玫瑰花。

細想生活中，我們對貼近自己的親友和交往已久的情人，往往是最不客氣的，我們容易向對方展現自己的不耐和脾氣，反倒對朋友或是剛開始戀愛的對象，我們會呈現出最優雅的一面，提供最高的耐心給他們。這正是我們與花相像之處，遠遠觀看或偶爾經過我們身邊的人，對我們會保有美好親切的印象，相反地，天天細心照料我們的園丁，才是那個最瞭解我們習性也最常承受我們身上尖銳的人，一個不慎，還得被我們的芒刺給狠狠扎進肉裡。

「芒刺」會讓我們在走廊上經過對方時故意裝做沒看到，或昨晚整夜的電話不接，也許是整天的已讀不回，目的只為了讓對方難受，誰叫他上週陪朋友吃飯而沒陪自己看電影。有些花習慣性攤出「分手」的芒刺：「大不了分手嘛！」「你要走就走啊！誰稀罕？」千萬小心，有些話講久了會成真，在成真的瞬間，你又會如何反應？

每次的「大不了分手啊」總是會聽到對方接著說「不要這樣嘛！我下次不會了啦！」但人終究不是RPG電玩角色，不可能每次都給你相同的回應。要是某天對方冷不防地回：「好啊！分手，掰掰。」有多少人會覺得如願以償，在心中歡呼？還是會呆在原地錯愕地想：「呃，呃……我……其實也不是……這個意思……」到頭來，我們的芒刺反倒刺傷自己。所以花朵們，偶爾還是要收斂一下，去看見園丁被扎滿孔的那雙手。

我的初戀，就有太多的不懂事，也因為我當時不懂刺，毫無節制。醋勁十足，芒刺遍布，動不動就因為對方跟誰接近跟誰說話而生氣，動不動就對對方愛理不理，沈浸在一種對方的世界只有我是最重要的蠢夢當中。果真，這場以日出作為開頭的浪漫初戀，在短短兩週內直接以日蝕的荒謬結局收尾，根本等不到日落，太陽就直接消失。

回想起來，還是忍不住笑了，原來姿態再優雅的花，也少不了那些曾經犯蠢的時光。

戀愛是盲目的，戀人們瞧不見他們自己所幹的傻事。——《羅密歐與茱麗葉》．莎士比亞

當一個人的星球上，誕生了一朵玫瑰花，我們的某些行徑因而變得詭異，細數這些舉動，會發現是花，讓我們有別於往常的自己。

向來不愛喝咖啡的你會開始拼命找機會走進那間咖啡廳，逼自己點一杯根本喝不下去的咖啡，然後打開一本封面很有質感的書，在那坐上一個下午，實際上看不到兩個章節。或是放棄本來散步遛狗的例行路徑，把狗鏈上單車騎往最不順路的公園，好看看準備打烊收店的某個人……

天氣明明冷得要死，早上故意不帶外套出門，好在第一節下課時，順理成章地借到某人的制服外套。要是對方也超級怕冷，或是神經大條到根本沒注意到你沒穿外套，那麼你注定冷到回家。又或者才早自修，就來了一個喜歡你但你不喜歡的人，走到你旁邊把他的外套給你，那你的戲也沒得唱了，大方接受這溫暖的

愛吧……

數理資優的你，總是能成為全班的求救對象，卻願意成為一個數學障礙者，前往他的座位問一個你自己完全能解開的公式。要是老師離開教室前看到這麼認真勤學的你說：「那個誰，來辦公室，老師教你。」那你真的是無語問蒼天……

都已經半夜兩點了，還要盤點今天發的每一則限時動態的瀏覽名單，確認是不是每一篇都有被他看到，要是沒有，就懊惱得睡不著。昨天才將對方設為摯友，今天又怕太明顯把他設為普通朋友，明天故意不小心誤刪，看看會不會被注意到，後天又假裝沒事般把他加回來。為了確認他在ＩＧ上的行動，還辦了大大小小的帳號無數個，假裝成陌生人，來確定那些自己猜疑的事……

肯定還有千千萬萬令人匪夷所思的行動可以舉例，全都只是因為我們喜歡上了某一個人。必要時，我們會刻意替自己製造一個需要，來需要對方。就如同花說：「屏風呢？」但我們也都知道，我們並沒有這麼容易受風寒，而且實際上風對花也相當友善的。其實我們需要的是對方。

不論是傲慢的芒刺、甜美的芬芳、偽裝的脆弱，透過玫瑰的各種型態對照出我們在情感上的行徑，還是不禁苦笑：「聖修伯里用玫瑰來描述還真精準。」

感謝那些為愛犯蠢的過去，讓我們學習認識自己，笑看曾經亂長的無用之刺，
慢慢找到一個自在的模樣，一次次的，在關係中綻放優雅。

第八話

面對毛毛蟲的勇氣

現在回首那些無關緊要的失戀，依稀記得當時的刻骨，但有多苦？早已回味不出。即便已能雲淡風輕地笑談，但對於當初的每個當下，仍然是天崩地裂。不過也因為一次次地練習失去，讓我們一次次地練習重新站立。每當我們發現自己的傷痛期變短時，或是學會在失戀中善待自己時，才會驚覺自己好像真的長大了。

「如果我想和蝴蝶交朋友，就得忍受兩三隻毛毛蟲。蝴蝶很美呢！否則，誰會來拜訪我呢？就要遠行了。至於那些大動物，我一點也不怕。我有我的爪子啊。」

當毛毛蟲在身上爬行，花朵勢必難耐，在等待蟲結蛹到化蝶的期間，還要乘載累贅的重量，到底實際需要花上多少時間才能擺脫這些日子？沒有人能夠告訴你，它不像生病、開刀，有一定的恢復期可循。唯有耐心熬到毛毛蟲破蛹的時刻，才有機會展開新的生活。身處情傷期間，我們壓根不知道身上的毛毛蟲到底成長得如何，但請務必小心翼翼地與它共存，因為一個不慎觸碰到相關回憶，它身上的鞭毛會使我們灼熱、刺痛、難耐，甚至讓我們痛哭流涕。若是大動作驅趕身上的毛毛蟲，也反倒讓自己傷口更加劇烈。

走出情傷這檔事，說起來也很奇怪，前幾天還哭得死去活來，行屍走肉，也不知道哪一天一覺醒來，或是哪一刻發生了某件事情，看到某篇文章，師長朋友對自己說出哪句話，遇上某個人，突然間高燒就退了，自己都覺得很神奇。一身的毛毛蟲瞬間蛻變成蝶，那一刻的自己，有如撥雲見日的自在，輕輕地清理遺留在身上的空蛹，毫無疼痛又不費力氣，蛹就落地了。

高三的時候，我遇到高中生涯的第三次失戀，當時只覺得死定了，又要重複失戀的痛苦低潮了，壓根忘了我高一跟高二是怎麼走出來的，只記得費了很長的時間。當下的我，害怕進入黑暗期比害怕失去對方更多。就在某個晚上，我在客廳用電腦，心情實在很差，很想找到出口，我轉身跟坐在客廳的老爸說：

「爸，你以前失戀都不會難過嗎？」

「有什麼好難過的？」

「就……很痛啊。」

「痛就痛啊！」

「蛤？」

「森林這麼大，又不是只有這棵樹或這朵花。」

這真是一個廢到不行的老套說法，不用他來告訴我，老早在國中就聽過這種俗氣的人生座右銘，什麼「天涯何處無芳草，何必單戀一枝花。」令人訝異的是，這句話對當下的我竟然奏效，我沒有從這句話中感到大徹大悟的震撼，就只是瞬間「嗯，有什麼好難過的呢？」

隔天到學校，我好了一大半，看到對方也放下許多，沒那麼虐心，結果對方看到我放下了，反而把我追回來，你說人有多奇怪？

我的大學好友也曾經跟我分享，她在某一次失戀時，感到非常痛苦，於是獨自去看了《慾望城市》電影版。就在電影的尾聲，經典的傳奇角色莎曼莎說了一句台詞：「我愛你，但我更愛我自己。」她突然間覺得自己好了，好像找到一個關鍵點，打開了所有糾結，這句台詞，就像是在對她說的一樣。

對我來說，感情療傷期，與其關在家裡足不出戶，面對空無一人的房間，讓空間和手機裡那滿山滿谷的回憶來霸凌自己。不如死命地大量接觸各種媒介，也許是重返游泳池或球場、泡在電影院、搶一場最愛的歌手的演唱會、晃悠在書店裡、計畫一趟旅行、嘗試新的餐廳，甚至是接觸宗教信仰⋯⋯，讓自己盡力地增加毛毛蟲化蝶的可能，你根本不會曉得也許在哪一個時刻，你就突然清醒了，然後能笑看手機裡的照片，想著自己在幹嘛？何苦呢？

大家小時候應該玩過雜貨文具店裡的戳戳樂吧，在眾多格子裡，你不知道哪一格才是大獎，但總有一把金鑰匙在裡頭，戳的次數越高，越有機會拿到金鑰匙，解開心頭上的鎖。但重點是，你要給自己接觸未知的機會，不然誰也幫不了你。

願我們能學習應對身上的毛毛蟲，耐心地等待化蝶，期待那個重新振作更成熟的自己。

有時分開並不是件壞事，壞的是在分離時拚命地傷害自己，也傷害對方。

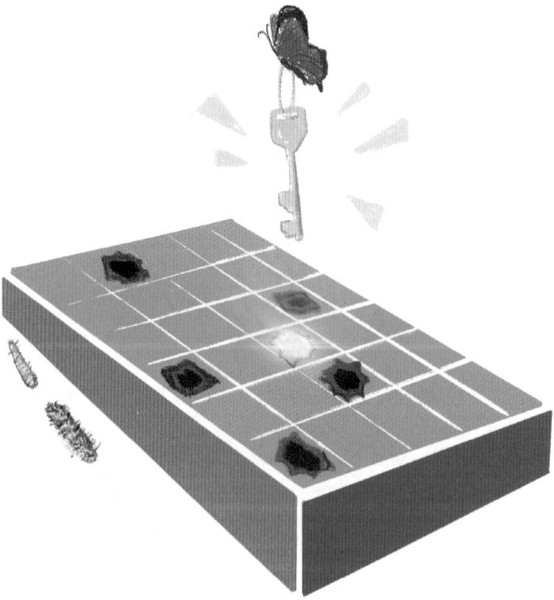

輯四

今天的你，活在誰的眼裡？

10.

他來到這些小行星的地盤，它們是：325、326、327、328、329和330。他開始拜訪這些小行星，想找點事做，也增加見識。

第一顆星球上，住著一位國王。穿一件絳紅色貂皮大衣，國王坐在一個簡單卻又十分威嚴的寶座上。

「啊，來了一位部下。」看到小王子，國王叫了起來。小王子心想：「他怎麼會認得我？他從來沒見過我呀！」

他不知道，對這些國王來說，這個世界很簡單。所有人都是他的部下。

國王說：「靠近些，讓我好好看看你。」國王感到很驕傲，他終於當上了某個人的國王。

小王子四處張望，看哪裡可以坐下，但整個星球都被國王那件貂皮大衣占滿了。小王子只能站在那裡，但實在太累，他打了個哈欠。

國王說：「在國王面前打哈欠，這可是不禮貌的。我不准你這樣。」

「我沒辦法控制自己，」小王子尷尬地說，「我走了很長的路，我一路都沒睡覺……」

國王說：「那好吧，我命令你打哈欠。我好幾年沒見到別人打哈欠了。打哈欠對我來說太新奇了。來啊，再打一個。這是命令。」

「這讓我好爲難……我打不出來了……」小王子紅著臉說。

「好吧，好吧！」國王說，「那麼，我……命令你，有時打哈欠，有時……」國王咕噥了一會兒，顯得不太高興。

國王主要是希望自己的權威受到尊重。他受不了別人違背他。他是專制的君主。但他也是很好的人，他的命令都合情合理。

他經常說：「如果我命令一位將軍要變成一隻海鳥，而那位將軍不服從，那不是將軍的錯，而是我的錯。」

「我能坐下嗎？」小王子怯生生地問。

「我命令你坐下。」國王回答他，威風凜凜地扯起貂皮大衣的一角。

小王子感到驚訝。這顆星球很小很小。這位國王到底能統治什麼？於是他問：「陛下……請您原諒，我想問一個問題……」

「我命你問我問題。」國王連忙說。

陛下……您統治些什麼？」

「一切。」國王回答得很乾脆。

「一切？」

國王謹慎地用手指了指他的星球、其它的星球，還有所有星星。

「您統治這一切？」小王子問。

「我統治這一切……」國王回答。他不只是一個專制的君主，也是整個宇宙的君主。

「那些星星服從您？」

「當然，」國王告訴他，「它們馬上就會服從。我不能容忍不守紀律。」

這麼大的權力，讓小王子驚歎。如果他有那麼大的權力，那他一天之內就不是只看四十四次落日了，而是七十二次，甚至一百次、兩百次，而且不必挪動椅子！小王子想起了那個被他拋棄的星球，覺得有點傷感，於是鼓起勇氣，向國王提出一個請求：「我很想看落日……滿足我吧……命令太陽下山吧……」

「如果我命令一位將軍像蝴蝶一樣從一朵花飛到另一朵花，或者寫一齣悲劇，或者乾脆變成海鳥，而那位將軍沒有執行我的命令，這是誰的錯？是他，還是我？」

「您的錯。」小王子肯定地回答。

「對啊！不可以強人所難。」國王說，「權威必須建立在道理之上。如果你命令你的子民去跳海，他們會造反的。我有權要求別人服從，那是因爲我的命令都很有道理。」

「那我的落日呢？」別忘了，小王子一旦問了問題，就絕不會忘記。

「你的落日，你會看到的。我能爲你做到的。但是，要依照我的統治邏輯，我得等到條件成熟。」

「那是什麼時候？」小王子問。

「嗯！嗯！」國王開始翻一本厚厚的日曆。「嗯！嗯！會在接近……接近……會在接近今晚七點四十分的時候出現！看吧，我的命令會被好好執

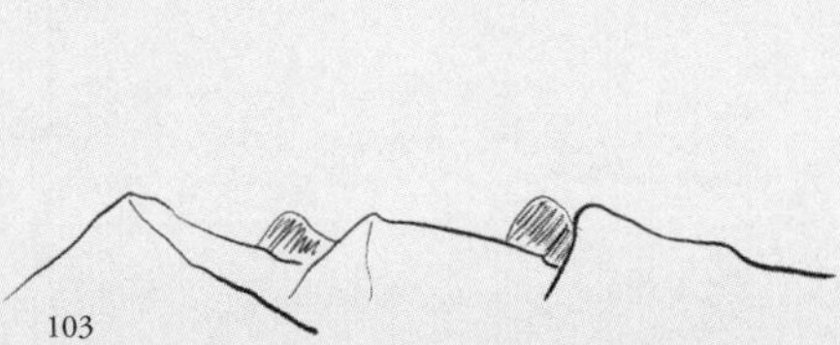

行。」

小王子打了一個哈欠。他爲錯過了那場落日而遺憾。他覺得有點無聊。

「我在這裡沒事可做，」他對國王說，「我要走了！」

「不要走。」國王回答。他很驕傲能有一個部下。「不要走，我讓你做部長！」

「什麼部長？」

「……司法部長！」

「但這裡沒有人要審判啊！」

國王對他說：「誰也沒法知道。我還沒巡視過我的王國。我太老了，這裡沒有位置停放馬車，走路呢，我又怕累。」

「喔，我已經看過了，」小王子一邊說，一邊側身看了一眼星球的另一邊。「那邊一個人也沒有……」

國王回答他：「那你自己審判自己好了。這是最難的挑戰。審判自己比審判別人要難得多。如果你能審判好自己，你就是一個眞正的智者。」

小王子說：「我啊，我在哪裡都能審判好自己。我不要住在這裡。」

「好吧，好吧！」國王說，「我相信我的星球上有一隻很老的老鼠。我夜裡聽過牠的聲音。你可以審判這隻很老的老鼠。你可以時不時地判牠死刑。這樣，牠的命就掌握在你的手中。不過，你每次都要赦免牠，這裡只有這一隻老鼠。」

「我啊，」小王子說，「我才不喜歡判死刑呢，我眞的要走了。」

「不！」國王說。

小王子下了決心要離開，但他不想傷老國王的心。他就說：「如果陛下希望我服從您的話，您就對我下一個合理的命令吧。比如，陛下可以命令我一分鐘之內離開。我覺得這些條件都具備……」

國王沒有回應。小王子猶豫了片刻，歎口氣走了……

「我任命你做我的駐外大使。」國王連忙喊道。他擺出一副威風凜凜的樣子。

「大人眞是奇怪啊！」整個旅途中，小王子不停地對自己這麼說。

第九話

把自己絆倒的長袍

「你要跟他好，就不要跟我好！你要跟我好，就不要跟他好！」

若用理性來看，這是非常幼稚的一句話，有趣的是，它並不是兒童限定用語。這句話確實存在在社會上各年齡層的生活場景中。只是我們不再像兒時一樣掛在嘴上，我們的國王早已內化為無形的小動作，正在以其它方式來執行奇怪的命令。這麼看起來，小孩子還是簡單多了，他們把自己的慾望直接又誠實地表達：「你！不！要！跟！他！好！」

在校園場景，班級成群結隊或是分裂成小圈圈，司空見慣，這不過是小型社群中人性的正常發揮，當人們群聚，自然會引來合得來與合不來的人。接著，友情考驗也隨之而來。當班上本來很要好的三兄弟或七姊妹，經過一個暑假，其中兩人鬧翻，或是分手，這個群體除了面臨解散的危機外，隨之而來的困擾，就是其他人要選邊站。但為什麼一定要選邊呢？因為我們血液裡就認定，你若是支持我，跟我是朋友，就應該跟站在同一邊。仔細想想，這是多麼不理智的念頭？

每個人都有交朋友的權利，但「國王」總是出現在交友圈當中，強力地控制命令朋友不能跟自己討厭的人來往，我們也許說不出口這種佔有慾，但也會用行為去刺激對方，開始對朋友冷言冷語、設定隱藏、刪ＩＧ……，這些行動是為了懲罰不站在自己這邊的朋友，怎麼可以與自己的仇方來往。「事件歸事件，朋友歸朋友」這種道理說得到卻做不到，心頭還是會嫉妒對立者，為什麼他明明這麼討人厭，大家還要跟他出去？

首先要清楚知道一件事情：我的朋友跟他要好，不代表他沒把我當朋友，我們直接定論對方沒有把自己當朋友才去跟其他人來往，這種全然地自我腦補其實很危險，反而讓自己全身帶刺。當朋友主動找你時，你的張牙舞爪反而讓朋友們不知所措或是莫名其妙，當身邊的人不知道自己該怎麼與你相處時，他們還真的可能遠離你，到最後失去最多的反而是自己。當他們決定遠離你時，這次就是真的不想把你當朋友了。你如願以償了嗎？

還有一種情況是在團體裡的大哥、大姐頭，一遇上不順眼的人，就要帶頭作亂，抵抗某位老師，大亂課堂，或是領全班一同冷落誰，攻擊誰。如果那個帶頭的人正是現在看書的你，我要說，你不過是利用人天生在群體當中的恐懼——人在群體中有一種自我保護機制，尤其是在學生時代，這種極度需要朋友認同的時期，最害怕的就是一不小心成為班上被攻擊、被排擠孤立的人。他們知道自己不可能成為受歡迎的人，自己沒有你身上擁有的領袖特質，他們不求風頭，只求安身立命，只求能不被大家討厭就好。講更直白一點——不要被你討厭。也就是說身邊現在有十個跟隨你的人，並不是所有人都完全服從認同你的理念與作風，很多時候覺得你太過分，他們也不敢說出口，深怕不利自己在班上的地位，以至於他們常常選擇沈默，跟隨你去冷落其他倒霉鬼，實際上心裡覺得你的行徑相當惡劣。你不覺得這個場景很熟悉嗎？史上某幾任皇帝掌權時，行徑荒謬透頂，所有的人臣服在權威之下仍會說出：「皇上英明！」私下心中暗罵：「昏君！」你呢？你高高坐在這個班級的權位之上，是個空虛的國王，利用其他同學的恐懼，而不是獲得大家真心信服。你有所覺察嗎？或許你是一個天生有領導能力的人，有著對於群體的影響力，這並不是人人都有的特質。那麼問問自己，你把你的特質用在好的影響上？還是只用在逞自己的私仇上呢？

離開校園場景的我們，國王也伴隨著一同進入社會。當看到朋友們網路上的打卡動態中，出現自己不喜歡的人，或是以前的約會對象，當下心想：「為什麼他人這麼討厭，你們還能一塊喝酒？」那種種的不是滋味會引發自己做出什麼舉動？當我們感覺到自己的交友領域受到威脅時，請先意識到自己心裡的那位「國王」，關掉手機，告訴自己，朋友們都有自己的交友權利，飯局沒邀請自己，那又如何？我們是否能夠成熟面對？朋友的定義不只有這些小動作而已。那麼「國王」們，請停止腦補！不管到幾歲，血液裡的「國王」像是顆巴歐巴一樣，會同我們長大，即便我們不明講，但行為還是透露出那把「國王」的權杖與那件荒謬到能絆倒自己的長袍。

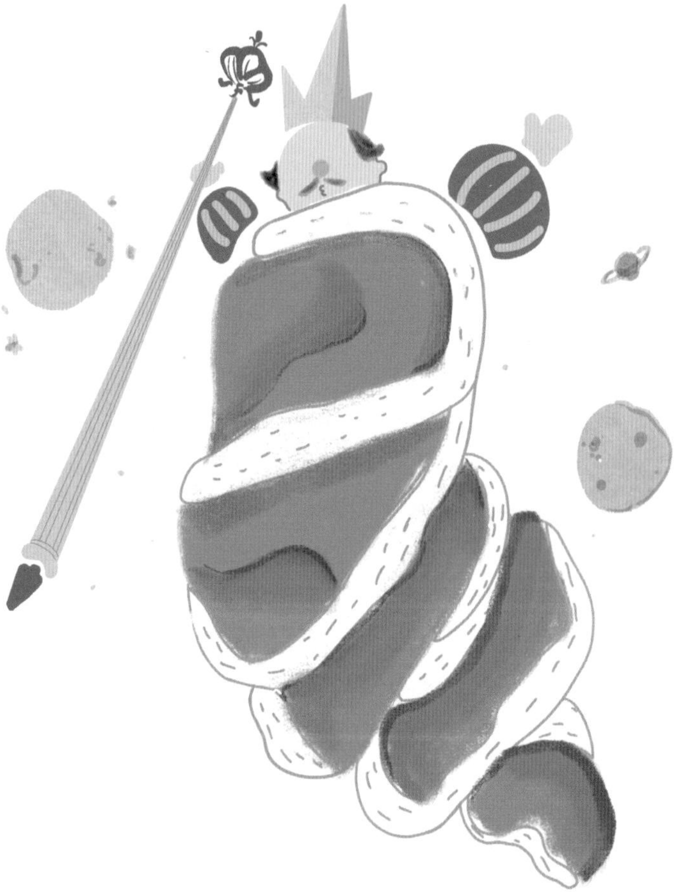

第十話 沒有人能變成一隻海鳥

二〇一八年，歌手蔡依林發行的新專輯《Ugly Beauty》中，收錄一首以葉永鋕為題的創作，《玫瑰少年》。葉永鋕是一名因為性別氣質與眾不同而在學校長期遭到霸凌的男孩，就在二〇〇〇年四月二十日，他於上課時間上廁所後，就再也沒有返回教室，當他被發現時，人已經倒在廁所一灘血泊之中，送醫急救後，在隔天凌晨宣告不治。

二〇一五年，蔡依林在「Play 世界巡迴演唱會」臺北加場版中，播放葉永鋕的媽媽在《玫瑰少年》紀錄片中的受訪片段，讓更多人關注到十多年前發生在屏東某校園的這場悲劇。《玫瑰少年》一曲也在二〇一九年，獲得第三十屆金曲獎年度歌曲獎。

如今二十年過去了，葉永鋕的故事並沒有成為歷史。

二〇一九年四月二十二日，台中某校一名國二的男同學，不耐同學們以性取向嘲諷，於上學期間從學校四樓一躍而下。

「你爸爸有 AIDS，所以才會生出你這個 AIDS GAY！」

這傷人的字句，就這麼出現在新聞報導中。促使男孩跳樓有沒有更複雜的成因，我們無從得知，這位男孩的性別取向為何也一點都不重要，重點在於，全世界關於性別議題上的悲劇不勝枚舉。儘管在這個已經能高掛彩虹旗上街的臺灣，仍然在某個校園或辦公室角落、廁所，躲著看不見的傷口，流著不為人知的血淚。

我的學生曾經向我出櫃，我覺得他非常勇敢，國一的他非常清楚知道自己和別人不一樣，他並不喜歡異性。某天，這個秘密意外被他的家人發現，他的母親認為他不正常，要他變成正常人，為此他感到相當沮喪。

究竟何謂正常？常常見到生活中，人們將異性戀和同性戀用「正常」與「不正常」來劃分：

「他是正常的吧？」

「可惜他不正常。」

「他要是正常就好了。」

甚至看過綜藝節目上女藝人開玩男藝人笑：「吼～我懷疑你性向不正常！」

當我們定義自身的某種狀況為「正常」時，等於把不在這種況狀的人皆列為「不正常」。那麼怎麼樣的眉毛距離為正常？人的哪一種唇色正常？哪一種聲線？哪一款臉型？那一類鼻頭？過敏？不過敏？愛狗？怕貓？敢吃香菜？懼怕青豆？我們是人，不是罐頭，從長相到個性，飲食到興趣，有著數不盡的不同，然而世界何其大，人口何其多，這輩子的時間也不夠我們認識世界上所有的人和事，既然我們知道的如此有限，怎能用自己的框架去丈量身邊的人？

關於人類性別／性學的研究，多數人從來沒有接觸過，在臺灣國民教育中，課本不存在這類的知識，也可以說不被允許存在。以至於我們沒有受過相關的知識教育，然後就用自己的認知（或說無知）去攻擊別人。我真的很鼓勵在性別議題上特別尖銳的每一位朋友，請花些時間去進修和理解。高雄師範大學、清華大學、世新大學、樹德科技大學⋯⋯，這些學校分別都有開設人類性學／性別所或是學程，人類性學的複雜性，不是三兩句就可以說完的，它複雜到有人要去念學位，花好長時間去研究和理解它，假若我們都能花時間理解性學有多麼深奧，應該就不再會去用「正常」、「不正常」來劃分彼此了。

「通常」人們喜歡異性、「通常」家庭組成會有雙親、「通常」人有四肢……，大數據統計的結果，只是一種通常與不通常，而我們人卻慣用「正常」與「不正常」。這種語境，欠缺同理，似乎說明我們並不在意他人的感受。不正常的性向、不正常的家庭、不正常的……，我們試著把「不正常」貼到自己的身上，想像每天被別人說自己不正常，那種感受如何？

沒受過傷的人，才會取笑別人的痛處。——威廉・莎士比亞

「如果我命令一位將軍像蝴蝶一樣從一朵花飛到另一朵花，或者寫一齣悲劇，或者乾脆變成海鳥，而那位將軍沒有執行我的命令，這是誰的錯？是他，還是我？」

「您的錯。」小王子肯定地回答。

「對啊！不可以強人所難。」國王說，「權威必須建立在道理之上。」

一個人無法命令另一個人去執行一件超乎他能力的事情，比方飛起來、穿牆、從一〇一跳下一樓然後安然無事或是變成大家口中的「正常人」。

在我們要求一個人轉變性向的同時，先試著問問自己的性向能不能夠轉變，當你光是想像要喜歡同性就感到非常不舒服的話，那你應該能明白，被你命令的對象也感到非常不舒服。世界衛生組織早在三十年前就已認定同性戀者並不是一種疾病，無法透過藥物或是任何形式的治療去改變。驅魔、死刑、囚禁、電擊、藥物……，在過往的歷史上，人們對於同性戀者的「療程」令人無法想像，之所以會有這一切可怕行徑，都源於人類認知有限。

在二〇〇六年至二〇〇七年間，挪威奧斯陸大學自然歷史博物館，舉辦《違反自然？》的展覽，這是人類史上首次自然界同性戀動物特展，博物館表示舉辦此展覽目的是為回應「同性戀者非自然」的論點，展會總監格爾．索裏說：「你可以用自己的方式去詮釋同性戀，但你不可說同性戀行為是違反自然規律。」會展其中有部分展覽來自知名生物學家 Bruce Bagemihl 與 Joan Roughgarden 豐厚的研究成果。這場展覽中總共超過有一千五百多種被觀測到的同性戀動物生態，其中我們最為熟悉的生物就有：獅子、企鵝、獼猴、長頸鹿、寬吻海豚、黑天鵝、羚羊、海象、灰鯨⋯⋯。館方表示，這些展覽還只是冰山一角。

人們常常以有限的認知定義這無限的世界，當我們看得更多，才能認識更多。我比較好奇，這些動物們也會因此霸凌自己的同類嗎？還是千萬物種之中只有人類會因此霸凌同類？

二〇一三年迪士尼動畫作品《冰雪奇緣》問世，在全世界掀起風潮，全球票房高達十二億美元，直接榮登該年度全球電影票房冠軍。在這部轟動全球的電影中，我想邀請各位回想起當時在螢幕前觀影的自己，究竟是看到美麗奇異的冰雪女王，還是看到醜陋的自己？

現在應該沒有爆雷的問題了吧？這部電影已經上映這麼久了，如果你現在還沒有看過，那我也沒辦法，只能建議你先跳到下個章節，因為接下來我們要一起來「看」這部電影。

Elsa從小天生就會魔法，某次的意外，Elsa的魔法傷到妹妹Anna，因此她非常厭惡自己和別人不一樣，她甚至對自己會魔法這件事情感到恐懼。Elsa的父母非常友善，即便知道大女兒和一般的孩子不同，並不強迫要Elsa改變自己。為了保護女兒不要受傷，他們送了一雙紫色手套，告訴Elsa不要讓別人發現。

Don't let them in，don't let them see
Be the good girl you always have to be
Conceal，don't feel，don't let them know

Elsa唱出心裡的恐懼：「不能讓他們進來，不能讓他們看見，當個好女孩，像從前一樣永遠當個乖女孩，隱藏自己，不要感覺自己，不能讓他們知道。」看到這裡，可以先稍做思考，Elsa公主象徵著班級中、家族裡、社會上的哪些人？他們因為害怕別人的異樣眼光，得去隱藏自己天生的不同之處。迪士尼卡通公主系列中，公主會魔法這件事情並不稀奇，《魔法奇緣》的樂珮，《海洋奇緣》的莫安娜——一個是因為生母在懷胎時喝下了神秘黃金花的湯藥，以至於樂佩公主一出生，只要唱歌頭髮就會發出奇異的金光治癒傷口和使人返老還童；莫安娜則是因為年幼時期在海邊玩耍，救了一隻小海龜，被海洋視她為友人，必要時出面協助莫安娜。然而這兩位公主在故事中從來不會因為自己的特殊能力感到羞恥，為何只有Elsa要隱藏自己？迪士尼以Elsa隱喻我們身邊的哪些人？這三個公主，也只有Elsa天生就會魔法了，她的魔法並非後天得到的能力。

這個秘密伴隨她長大，終究還是被發現了，就在女皇加冕典禮當天，城堡大門對人民敞開，在皇宮舉辦一場舞會，舞會進行到一半，Elsa當著眾人的面失手打出一大片冰，在那個畫面中，只看到一片靜默，人民的眼神中充滿著訝異、恐懼、不理解，打破這個僵局的是一位禿頭伯爵，他在所有人面前指著她說：「她是一個怪物！」

讓我們將畫面停在伯爵的指控上，試著思考一下這個角色指涉了班上哪位同學？家中哪些親戚？職場哪些同事？社會上哪些政客？在還不理解「Elsa」之前，就已經先定義「Elsa們」不正常，是一個妖怪。接著Elsa衝出皇宮，遠離艾倫戴爾王國，在雪地中唱出紅翻全世界的〈Let it go〉，這首歌再次出現曾經唱過的歌詞：「不能讓他們進來，不能讓他們看見，當個好女孩，像從前一樣永遠當個乖女孩，隱藏自己，不要感覺自己，不能讓他們知道。」

Well，now they know
Let it go，let it go
「現在他們都知道了，那隨它去。」
I don´t care what they´re going to say
「我不在意他們要怎麼去議論我。」

接著她卸下那雙從來不主動脫下的手套，任手套隨風雪而去，創作人又是藉著這首曲配上這個舉動，來象徵社會上哪些人的什麼舉動？

電影尾聲，當姊姊 Elsa 的性命遭受到迫害時，妹妹 Anna 立即挺身替姊姊擋刀。（這點也滿值得我們學習的，我相信有些同學在學校為了怕同學笑自己，會反過來跟著同學們去嘲笑自己同校的兄弟姊妹：「死同性戀！」他們不替家人擋刀，反而多補家人幾刀，畫面感相當「溫馨」。）

Anna 因為受到詛咒，在最後一刻結凍成冰，在妹妹生命結束之際，因為她的「真愛之舉」，瓦解這個詛咒，融解冰塊。就在詛咒消失的那一刻，我想邀請大家思考：「若是 Elsa 的魔法本身是一個詛咒，那迪士尼為什麼不讓 Elsa 的魔法在妹妹的『真愛之舉』之下一併消失？」然而，如果有看《冰雪奇緣2》的我們將會知道，迪士尼在第二集中說明Elsa魔法從來不是一種詛咒，是一種自然界的祝福。第一集電影的尾聲，艾倫戴爾王國的人民學會與Elsa和平共處。那麼想請問，當這部轟動全球的電影，讓Elsa的周邊商品出沒在臺灣的大街小巷的同時，各位從中看到並學會什麼？我們在故事外的社會中又扮演了《冰雪奇緣》裡的哪種角色？是包容的父母？勇敢的妹妹？還是獵巫的伯爵？

迪士尼要我們看到，一個人的善與惡和他會不會魔法（喜歡什麼性別）一點關係都沒有，因為一個不會魔法的人（異性戀），也會去共用針頭吸毒、不安全性行為感染HIV、多人性愛派對、肛交性行為以及有戀童癖好。當我們一股腦地把這些標籤往同性戀者的頭上貼，卻忘記這些行為全部都在異性戀者上也有出現，豈不是太不公平了嗎？

除了《冰雪奇緣》外，《X戰警》、《大娛樂家》、《分歧者》……，這些電影裡都在講述天生與眾不同的主角，為求不受到社會多數人的迫害，不得不隱藏真實的自己，迫使他們假裝自己和大家一模一樣。有趣的是，我們走進電影院都會同情電影的主角，仇視電影裡的迫害者（伯爵、村長、村民、博士……）走出電影院，卻全然不知道自己在社會上扮演的角色正是這些人。原來看電影的我們，通常只看到得到電影的「帽子」，而看不到電影裡頭的「大象」。

我們並不是「正常人」，
只是「通常人」。

11.

第二顆星球上，住著一個愛虛榮的人。

「啊，啊，仰慕者來拜訪我嘍！」那個愛虛榮的人，看到小王子，大老遠就喊出聲來。在愛虛榮的人眼裡，其他人都仰慕他。

小王子說：「您好，您的帽子好滑稽。」

「這是行禮用的。」愛虛榮的人回答，「有人爲我歡呼時，我用它來行禮。可惜，從來沒有人從這裡經過。」

「啊，眞的嗎？」小王子搞不懂。

「請你鼓個掌。」愛虛榮的人這麼建議。

小王子鼓起掌來。

愛虛榮的人，果眞謙虛地舉起帽子答禮。

「這比剛才拜訪老國王好玩多了。」小王子心裡說。然後，他又鼓起掌來。

愛虛榮的人又舉起帽子答禮。

五分鐘後，小王子厭煩了這個單調的遊戲。

「要怎樣才能讓帽子掉下來呢？」

愛慕虛榮的人沒聽見。他們只聽得見讚美的話。

「你眞的仰慕我嗎？」他問小王子。

「仰慕，是什麼意思啊？」

「仰慕的意思，就是承認我是這個星球上長得最帥、穿得最漂亮、最有錢也最聰明的人。」

「但這個星球上只有你一個人呀！」

「答應我。你還是仰慕我吧！」

王子聳聳肩，說：「我仰慕你，可是這有什麼讓你興奮的？」

王子說完話，就走了。

「大人眞是太奇怪了！」整個旅途中，他都在喃喃自語。

第十一話 你我「臉」上的高帽「G」

在這個篇章開始之前，讓容我無恥地翻出高中時期使用無名小站寫下的網誌。

標題：明星高校之豬事大吉東森過年特別節目錄影

2007.02.15 22:47

這幾天行程滿檔　累翻了

這次錄影聚集了東森家族

東森一二屆全球新人王：左光平，張芷蓉，張涵雅，戴立威，盧學叡，樓庭岑

東森YOYO水果家族：蜜蜂姊姊，蝴蝶姊姊，葡萄姊姊，草莓姊姊，柳丁哥

哥，鳳梨哥哥
東森羚羊啦啦隊
還有明星高校學員：我，丫雪，強老大，華安，Korea，大樹，Water，
Doggy，欣匠，傻爺，Sky，小布，丫尼，神豬

第三次跟姊姊（樓庭岑）同台錄影 這感覺好奇妙 原先在學校是學姊學弟
後來變成家人 最後竟然可以一起進棚錄影 一起上訓練課
一起認識這麼多人 形容不出來的妙
而且發通告時有知道會發姊姊（庭岑） 開心到爆

昨天主持人多了一位　蝴蝶姊姊
分成紅白ＰＫ賽　大家的表現都很精采
所以過年特別節目希望你們都能看
尤其是蝴蝶姊姊的表演，相信在場的都傻眼了
因爲跳 Tone 跳得爆炸性的大 而且都跳得很棒

表演魔術的老師來自高雄　看到他很面熟

一問之下才發現　他跟我一樣大　以前我們也曾到某聯誼晚會表演過
他一樣表演魔術，我跟雅文跟茵聲是跳「愛你，Honey，年輕不要留白」的組
曲（那次表演經驗很慘痛）
不過是事隔兩年沒想到他來上我們節目　眞的好妙

當然我露臉這次露得很少　我很默默的
不想太搶鏡頭　而且10位評審都有講評　只有我沒講到
我不難過　也不想去多想！

最後希望大家能收看《明星高校之豬事大吉》
「東森娛樂台」有的人家裡是80台有的人則是40幾台

像這樣的網誌，還有很多篇，連我自己回首起來，心中都不禁地打冷顫，再多看幾篇我恐怕會開始乾嘔。那麼，之所以要提供我自己的一篇小小「活體」在書上供大家參考，一來是因為這是個再真實不過的自負案例，二來要是把朋友的臉書貼文放入我的書中，對他們實在也很不好意思，既然審判別人容易，審判自

己困難，那麼我就來試試看能不能夠讓大家從我的書中審判我？進而反觀生活中你我的自負生活。

從網誌中，能看得出那個剛結束高中生活的我，第一次接觸到電視產業有多麼興奮，也讓當時的自己毫不保留展現驕傲跟自負。最有趣的是，我並不直接公開地說「你們看，我上電視了，還跟很多藝人一起工作！」而是以一種「忙碌行程」為開端、「紀錄生活」為包裝，去打扮自己的「自負者」。列出這麼多細節，無非想炫耀，若真的想記錄的話，我怎麼不寫在日記上？或是設為私藏不公開文章？當我回首這段鉅細靡遺的闡述，看到幾個當時真正想告訴大家的事：

一、自己好多行程，像個明星一樣的辛苦趕通告。
二、這些有名的人，都在我的身邊跟我一起工作。
三、高中剛畢業，我就開始上東森的電視節目。
四、我是東森全球新人王。

太瞎了！

「無名小站」是一個多年前曾經風靡一時的社交平台，當時的年輕人都在上面分享生活。二〇〇八年起無名小站開始沒落，隨之興起的是臉書，ＩＧ也隨後在年輕世代中取代臉書。儘管改朝換代如此神速，「自負者」們的運動可是從來沒有被淘汰過。我們可以試著認真地盤點自己過往的每一則貼文，是在網上「分享」生活，還是「炫耀」生活呢？

常見有些明星總會在蘋果發表會之前，就搶先在社交平台上曬出手中的最新款 iPhone 照片，這些貼文也被媒體拿來作為新聞題材，先不管這是否是官方行銷手段。這邊有個假設性的問題想問你，這也是我每一場演出都喜歡的提問——試問今天你我也搶先在 iPhone 發表上市之前，優先獲得最新一代的機子，有多少人會迫不及待的搶先貼文，有多少人不會呢？我相信還是有人會默默地使用，直到全球大眾都能購入，只是像這樣的人，比例多寡呢？我就不肯定了。

在這個虛華的時代，多數的人在社交平台上打造一個令人稱羨的生活狀態，嚴格來說，網路上的自己是一個我們「想要成為」的那個自己，有時未必是自己真正的本質型態，更有可能，我們的本質型態早已變態成一個為求大家喜歡的樣子，並非是初始的自己。這一切使得我們好像更有自信，價值被證明，成就被看見，點讚數與點閱數字早已成為這個時代下，某些人的心靈養分。但要是有一天，數據錯亂，導致大家所有的貼文都是零點閱，那麼大家還能依然保有自信或能量嗎？起初，「日記」的本質並不在乎瀏覽數，甚至禁止被瀏覽，如今我們的「日記」越來越在乎觀眾，假若連續一個月的貼文讚數只剩下個位數，我們的生活都沒有人來看，我們還會想要貼文「記錄」嗎？

如果真的只是想要單純紀錄生活，也可以設私人貼文，但我相信多數的人不會這麼做，因為這是個倚賴曝曬生活而活的時代。對某些人來說，確認讚數與追蹤數比有沒有進食正餐來得更為重要。

讀到這裡也千萬別誤會，現在是在講述一個當今的生活型態，不表示定義這是一個全然糟糕的生活型態。人是需要得到讚美的，連寵物都喜歡被讚美，何況是我們？透過讚美，我們能建立自信。確實，我們在呼聲中間感到成就，開始喜歡自己，有時候自信文能幫助我們產生正面動力，讓我們知道今天的自己比昨天更好，也藉由讚美督促出更好的自己。不過自信與自負往往一線之隔，這中間分寸相當微妙。有時候過度的分享，看到時總讓人會心一笑，看著眼前的圖文之外，看到還有好多對方想告訴我們卻又不敢直講的亮點，想到曾經自己頭上的那頂高帽。有些人從自信慢慢變得自負，隨之，頭上的帽子開始一頂一頂變得更奇怪了，我們也不自覺的被讚數綁架，接著不厭其煩的一次次脫下帽子，享用讚美。

大學時期，我們幾位同學去老師家玩，在客廳拍了貓、食物、美酒，然後上傳無名小站。有位老師見狀，匪夷所思地問：「為什麼你們什麼都要拍？什麼都要上傳？連老師的私人領域也要公開？」現在的我，還真的滿能理解老師的疑問，是啊！為什麼呢？科技改變了我們的生活習慣，從前的秘密情書，到現在的放閃截圖，私人聚會早已不再私人，要是再早個幾年讓我們拿到手機與網路，會不會也拍照上傳「我們今天發現了新的秘密基地！」所謂的私領域，是否還存在呢？

每個時代的人們，都有頂特別想被看見的高帽。

12.

下一顆星球上，住著一個酒鬼。短暫的拜訪，卻讓小王子陷入深深的憂慮。

「你在這裡幹什麼？」看見酒鬼默默坐在一大堆有的滿滿的、有的已經喝空的酒瓶前面，小王子問了一句。

「我在喝酒。」酒鬼滿臉憂愁。

「你爲什麼要喝酒？」小王子又問。

「爲了遺忘。」酒鬼回答。

「遺忘什麼？」小王子一邊問，一邊替他感到可憐。

酒鬼低下了頭：「忘掉我的羞恥。」

「什麼樣的羞恥？」小王子想幫助他，就繼續問。

「喝酒的羞恥！」話一說完，酒鬼就把自己關進了永久的沉默。

小王子很迷惑地離開了。

「大人眞是太奇怪了。」整個旅途中，他都這麼慨歎。

第十二話

有一種逃避叫撞壁

生活裡，總有一個區塊，我們不知道該拿它怎麼辦。它沒有很好，也不算太壞，但就是不滿意自己這樣很久了。很多次地，我們在心裡決定要試著去整理，但又不知道該怎麼下手，也許膽小，或許懶惰，就這麼允許自己繼續在原地重複、擺著。接著，日復一日，年復一年，我們還在這裡鬼打牆。

酒精讓許多人逃避現實生活，酩酊大醉讓人們可以壯膽面對旁人的眼光，放大當下的自我，壓制自我理智的攻擊。我沒有酒精成癮的經驗，所以我不能體會每次電影中戒酒的人們面對的痛苦為何，但看著戲劇場景中的酒鬼們，對照自己的生活，會發現其實酒鬼也是我們生活某種型態縮影。每個人身體裡都有個酒鬼，不停重複飲用自己用來逃避現實的「酒精」。

性、電動、美食、購物、偶像崇拜……，我們藉由某個讓自我放鬆的片刻，稍稍平撫現實生活中的煩躁，當然沒有什麼不好。若是過度成癮了，沈迷於其中，影響了自己與他人的生活，也就不那麼恰當了。

「今天……我接下來就會……」如果照樣造句應該能揭露出好多生活中鬼打牆的自己吧？

「今天再來一杯珍奶，我就會展開減肥計畫！」

「今天最後一次課金，我就會去找工作！」

「今天先排到這雙鞋，接下來一年我都不再花時間通宵排隊了！」

「今天最後一場傳說，我接下來整學期都不碰！」

「今天最後一次逛網拍，我就會把ａｐｐ刪掉！」

二〇一七年底，我參演了一檔躍演劇團的中文音樂劇《DAYLIGHT》，下半場有一幕，導演希望演員能打赤膊，所以我必須要脫到只剩一條內褲在家中看書。得知這消息，當時人還在美國教課的我，立即在房間騰出能活動的空間，下載一個付費的健身ａｐｐ，開始一周四天的運動課程，回到臺灣後，連續四個月的操練，凡有時間就往游泳池跑，可以說是我從事演員職涯以來，首次這麼費心地操練自己的身體，克制飲食，以水煮取代油炸煎炒。最後登台前，雖然身體顯瘦，但因為體脂肪下降，光打下來的線條呈現，我個人算是滿意。

演出順利結束，我覺得能給自己至少一個月的休假，在飲食與運動上都可以放鬆，一個月後再繼續維持這得來不易的「好成績」。現在回想起這個念頭，真是一個天大的錯誤，根本是萬劫不復，因為這一個月實際執行的長度，最後被無限延伸到現在已經兩年了。每一次到月底就會再度跟自己說：

「下個月，再一個月就重拾健身計畫。」

「下個月，這個月身體比較虛弱，不適合運動。」

「下個月，這個月天冷，溫水游泳池人太多，也游不到什麼。」

最後我把胸肌與六塊肌練到合併為一，非常的團結一心，不離不棄。

有些時候我們真的能鐵了心地就把酒鬼驅逐出自己的行星上，有些人卻困在瓶中無止盡地暢飲，沒完沒了。

輯五

長大是一種
2.0 版的概念

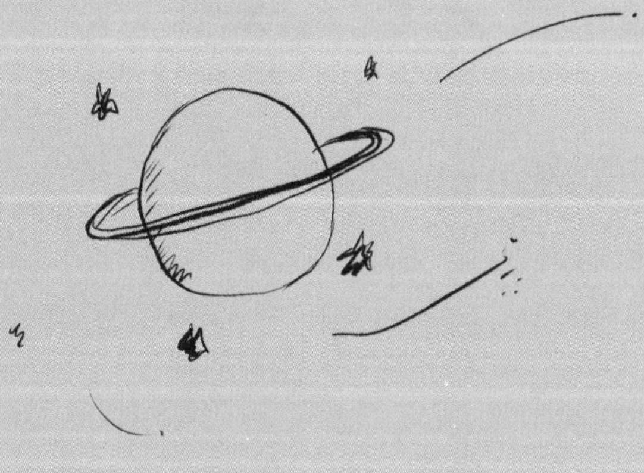

13.

第四顆星球是商人的星球。這位商人特別忙，小王子到他面前了，他都沒抬起頭來看一眼。

小王子說：「您好，你的香菸熄了。」

「三加二等於五，五加七等於十二，十二加三等於十五……你好。十五加七等於二十二，二十二加六等於二十八。我實在沒時間再數數。二十六加五等於三十一。哎喲，一共五億零一百六十二萬二千七百三十一。」

「五億個什麼？」

「啊，你還在這裡？五億零一百萬……我不記得了……我的工作太多！我很認眞，我不會把時間浪費在閒聊上！二加五等於七……」

「五億零一百萬個什麼啊？」小王子又問。小王子一旦提出問題，在得到答

案之前，絕不會放棄。

商人抬起頭來。「我住在這個星球有五十四年了，這是第三次被人打擾。第一次是在二十二年前，被一隻天知道從哪裡掉下來的金龜子打擾。牠發出可怕的叫聲，害我加錯了四個地方。第二次是在十一年前，我得了一場急性風溼病。我缺乏運動。我沒時間閒逛。我太認眞了。第三次……就是這次了！對了，剛才我說到五億零一百萬……」

「一百萬什麼？」

商人明白，如果不回答，他是沒法清靜了。

「我們有時在天空中看到的那些小東西。」

「蒼蠅？」

「不是，是一些閃閃發亮的小東西！」

「蜜蜂？」

「不是。是一些金光閃閃的東西，會讓遊手好閒的人胡思亂想。我可是很認眞的！我沒時間胡思亂想。」

「啊，是星星！」

「對，就是星星。」

「你拿這五億顆星星做什麼？」

「是五億零一百六十二萬二千七百三十一顆星星。我做事情很認真，我很精確的。」

「你拿這些星星做什麼呢？」

「我拿它們做什麼？」

「對呀。」

「不做什麼。我擁有它們。」

「你擁有這些星星？」

「對呀。」

「但是，我遇到過一個國王，他……」

「國王不擁有星星。他只是『統治』。這是兩回事。」

「你擁有這些星星有什麼用？」

「這樣我就是富翁啊！」

「變成富翁有什麼用呢？」

「如果有人發現新的星星，我就可以買下它們。」

小王子心想：「這傢伙的想法有點像那個酒鬼。」

但是，他繼續問：「一個人怎樣才能擁有這些星星呢？」

「你先說它們屬於誰？」商人有點不耐煩。

「我不知道。它們不屬於任何人。」

「它們屬於我，因爲是我最先想到的。」

「是這樣嗎？」

「當然。你發現一顆沒有主人的鑽石，它就是你的。你發現一座不屬於任何人的島，它就是你的。你最先想到一個點子，你爲它申請專利，它就是你的。我擁有星星，因爲在我之前從來沒有人想到過要擁有它們。」

「這倒是眞的。」小王子說，「那你拿它們做什麼呢？」

「我管它們。我反覆算它們，」商人說，「這很難。不過，我這人可是很認眞的！」

小王子還是不滿意。

「我啊，如果我擁有一條圍巾，我可以把它圍在脖子上帶走。如果我擁有一朵花，我可以把它摘下來帶走。但是，你不能摘下星星啊！」

「不能，但我可以把它們放進銀行。」

「什麼意思？」

「意思就是，我可以在一張小紙片上寫下我的星星的數目，然後把這張紙鎖進抽屜。」

「就這樣？」

「這樣就夠了！」

「這滿好玩的，」小王子想，「很詩意。但有點不切實際。」

對那些重要的事，小王子的看法和大人很不一樣。

小王子繼續說：「我擁有一朵花，我每天給她澆水。我擁有三座火山，我每週會打掃一遍。甚至那座死火山，我也會打掃。誰知道它會不會再噴發呢？我擁有它們，對我的火山、對我的花，都是有用的。可是，你對你的星星一點用也沒有……」

商人張著嘴，無言以對。於是，小王子走了。

「大人眞的是不可思議啊。」整個旅途中，他都這麼慨歎。

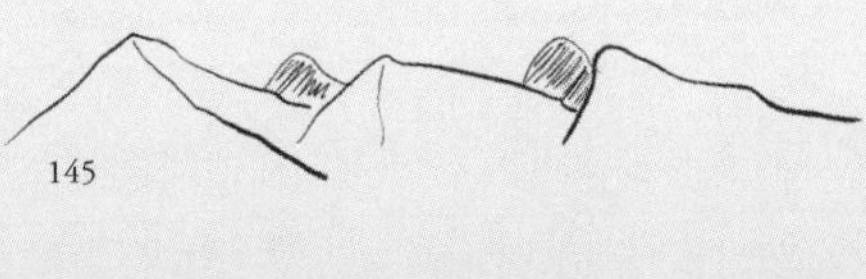

第十三話

溫柔的擁有與可怕的佔有

我是一個腦袋塞滿奇怪想法的人，常常提出很多的「為什麼」，也很愛問身邊的人很多奇怪的問題，那些問題荒謬到不可能發生，但我就是想知道。

「如果怎樣怎樣……，那麼你會怎樣？」

也因為也常常透過問人、問自己很多怪問題，我會產生一些對我而言成立，但對大家來說不合理的結論，儘管如此，我的宇宙仍是這樣運作。

我曾經思考，很多商人說：「你這樣殺價，我根本不合成本。」以社會交易的邏輯來看，我當然知道「成本」含義很廣，包含時間、原物料、金錢。假設五金行的老闆透過金錢，進貨這批鐵製器具，而這些鐵製器具廠商從鐵工廠出產，

這些鐵工廠的廠商也是用錢去購入鐵礦提煉出的鐵，那上游煉鐵廠商，要不就自己挖鐵礦，要不就再用錢跟某處挖礦端點購入。先不論我腦袋裡對於鐵器的出產流程有沒有誤，對我來說，這都是以人類社會為主的思考方式。當我順完以上的順序，我就在想：「這些所有過程中使用的東西從頭到尾都不是屬於人類的！人類卻說這是自己的成本？人類真的好奇怪！」。

首先，我們一出生來到這個地球上，能擁有的就是自己的髮膚、腦袋、肉與骨骼還有器官，這就是我們的成本。但人類長大之後卻從地球上取一樣東西，說那是屬於他的，然後要賣給別人，最有趣的是，連買東西的那張紙或是銅板貨幣的製造原物料，都來自地球。把這些交易行為簡化到最單純，就是有一個人折了一節樹枝說這樹枝是他的，另一個人切了一截樹根說這是他的，兩人協議以樹葉當作貿易媒介，接著開始拿樹葉當購入對方的商品。但這兩個人沒搞清楚，這些東西都是屬於地球的。

再講得更荒謬一點，假如我是一顆地球，我肯定覺得這些出生在我身體上的地球人奇怪透了，怎麼有一大堆人沒經過我的同意就擅自住在我身上，來住也就算了，竟然開始有人在我臉上挖走眼珠，有人在我胸口切分乳頭，然後都說是他們自己的，接著再擅自決定用我的頭髮來交易，某人用五根頭髮買到我的眼珠來打球，另一個某人用十八根頭髮買下我的乳頭做成項鍊。等一下！不論是眼珠、乳頭甚至連用來交易的頭髮，都不是取之於你們，你卻都說是自己的，這些沒有禮貌的人！

以我的描述看來，我們好像自己正在地球上鬼打牆。

地球：「你們拿這些幹什麼？」

人類：「沒什麼。我佔有他們。」

地球：「你佔有乳頭？」

地球：「你佔有那些乳頭有什麼用？」

人類：「使我變成富翁呀！」

地球：「變成富翁對你有什麼用？」

人類：「來買別的乳頭，假如有人找到的話。」

地球：「哦……」

「這些人類，」地球對自己說：「人類的理論有點像酒鬼。」

我想那些政治家、房屋建造商、企業家、貿易商或是任何大小老闆們聽到我這樣的念頭，應該都覺得這傢伙是個瘋子吧！

小王子說：「我擁有一朵花，我每天用水澆花。我擁有三座火山，每個禮拜我都仔細打掃他們。我也打掃一座死火山，誰知道它會不會再噴火？這對我的火山有用，也對我的花有用。但是你並不對那些星星有用……」

對於任何一顆星球來說，我覺得小王子應該會是個非常溫柔的房客，而地球可能也希望我們能像小王子一般的禮遇它，他向企業家提出的概念是「擁有」，而不是「佔有」，這點與企業家的理念並不相同，企業家說他佔有星星，有的人可以佔有一顆鑽石，有些人可以佔有一座島，但他們卻從來無法對星星施展自己最良善的付出，而是利用自己的星星、鑽石、島，來為自己獲得最高的利益。

對於眼前萬物的思考，若是我們以「擁有」取代「佔有」的思維。試著想想我們能替我們擁有的這顆星球做些什麼。我們不該佔有這顆星球，一心只想著這顆星球能為我們帶來什麼利益。

我們不過是來借住八十年的房客罷了。

14.

第五顆星球很特別。它是所有行星中最小的。那裡只容得下一盞街燈和一個點燈人。小王子搞不明白，在天空的某個地方，在沒有房子也沒有居民的一顆星球上，一盞街燈和一個點燈人有什麼用？但他告訴自己：「也許這個人很荒謬，但他不會比國王、愛虛榮的人、商人和那個酒鬼更荒謬。至少，他的工作有意義。他點亮街燈，彷彿讓一顆星星或一朵花誕生。他熄滅街燈，也好像讓星星和花入睡。這是一個美好的職業。因爲有用，所以美好。」

他來到那顆星球，恭敬地向那位點燈人打招呼。

「你好！剛才你爲什麼熄滅街燈呢？」

「這是規定。」點燈人回答，「早安！」

「什麼規定？」

「熄燈的規定。晚安！」

然後，他又點亮了街燈。

「你爲什麼又把燈點亮了呢？」

「這是規定。」點燈人回答。

「我不明白。」小王子說。

點燈人說：「沒什麼好明白的。規定就是規定。早安！」

他又把燈熄滅了。然後，他拿出一塊紅方格子手帕，擦了擦額頭。

「這份工作眞要命。以前還算合理。我早上熄燈，晚上點燈。白天其餘的時間，我可以休息；晚上剩下的時間，我就睡覺……」

「後來改規定了嗎？」

「規定沒改。」點燈人說，「問題就出在這裡！這顆星球一年比一年轉得快，規定卻沒改！」

「所以……」小王子問。

「所以，它現在一分鐘轉一圈，搞得我一秒休息時間都沒有。我每分鐘都得點亮一次，再熄滅一次！」

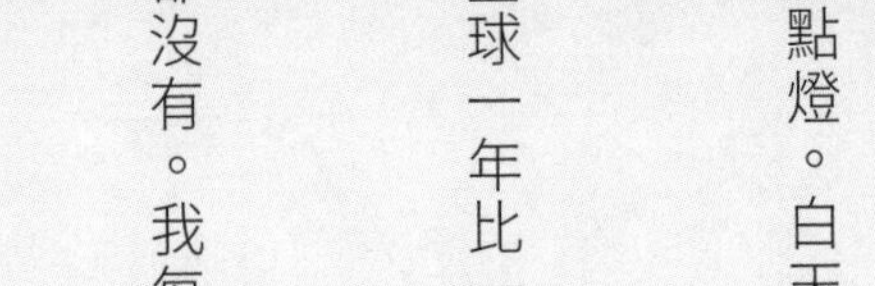

「這眞好玩！你這裡一天就只有一分鐘啊！」

「一點都不好玩。」點燈人說，「我們已經交談一個月了。」

「一個月？」

「對呀。三十分鐘。三十天！晚安！」

他重新點亮了街燈。

小王子看著這個人，很喜歡他，因爲他對規定那麼忠誠。他想起自己以前拉著椅子追尋落日的往事。他很想幫這個朋友。

「你知道嗎……我有一個辦法，可以讓你想休息的時候就休息……」

「我很想休息。」點燈人說。一個人可以旣忠誠又偷懶。

小王子接著說：「你的星球這麼小，跨三步就可以走完一圈。你只要慢慢走，就可以一直照到太陽。想休息時，你就開始走……你希望白天有多長，它就會有多長。」

「這對我沒什麼用。」點燈人說，「這輩子我最喜歡的事情，就是睡覺。」

「這眞不幸。」小王子說。

「這眞不幸！」點燈人說，「早安！」

他又熄滅了街燈。

小王子繼續他的旅程，心裡想：「這個人也許會被人瞧不起，比如被那個國王、那個愛虛榮的人、那個酒鬼，還有那個商人。但我覺得，這些人之中，他是最不荒謬的。也許是因爲他忙這件事情，不是只關心自己。」

他歎了口氣，很遺憾地想：「這個人是可以和我做朋友的。但他的星球實在太小了。容不下兩個人……」

小王子不敢承認，其實他捨不得離開這顆星球，因爲老天恩惠，在這顆星球上，二十四小時可以看到一千四百四十次落日。

15.

第六顆星球，比剛才那顆大十倍。上面住著一位老先生，在寫磚頭一樣厚的大書。

「呀，來了一位探險家！」一看見小王子，他就喊。

小王子在桌旁坐下，有點氣喘吁吁。他一直在旅行！

「你從哪裡來？」老先生問。

「這本厚厚的是什麼書？」小王子也問，「您在這裡做什麼？」

「我是地理學家。」老先生說。

「什麼是地理學家？」

「就是一個學者，知道哪裡有海、有河、有城市、有山脈和沙漠。」

「這很有意思，」小王子說，「這工作眞的很棒！」於是，他環顧這位地理學家的星球。他從沒見過這麼壯觀的星球。

「您的星球很美。有海嗎？」

「我沒法知道。」地理學家回答。

「啊，」小王子很失望，「那有山嗎？」

「我沒法知道。」地理學家回答。

「那麼，有城市、河和沙漠嗎？」

「我也不知道。」地理學家回答。

「但您是地理學家呀！」

「沒錯，」地理學家說，「可是我不是探險家！我絕對需要一位探險家。地理學家的工作，不是去計算城市、河、山脈、海、大洋和沙漠的數量。地理學家太重要，不能到處亂逛。他從來不離開辦公室。但他會在那裡接見探險家。他詢問他們，根據他們的講述做紀錄。如果他覺得某位探險家很有意思，就會找人去調查那位探險家的人品。」

「爲什麼要這樣？」

「因爲如果探險家說謊，會給地理書帶來大災難。酗酒的探險家也一樣。」

「爲什麼要這樣？」小王子又問。

「因爲喝醉酒的人，會把一樣東西看重影。這樣，地理學家就會把只有一座山的地方，記成有兩座山。」

小王子說：「我認識一個人，他就是糟糕的探險家。」

「有可能。一個探險家有好的人品，我們才會去調查他的新發現。」

「會去看嗎？」

「不會。那樣太複雜。不過，我們會要求探險家提供證據。比如，如果他發現一座大山，我們會要求他帶一些大石頭來。」

地理學家突然激動起來。「你啊，你是從遠方來的！你是探險家，給我

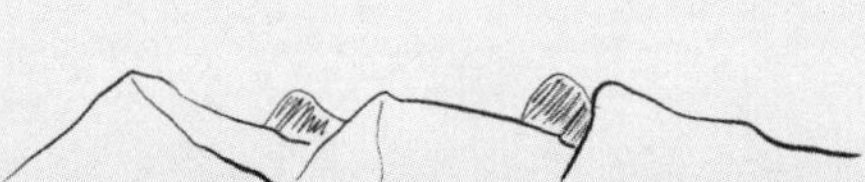

描述一下你的星球吧！」地理學家翻開他的紀錄本，開始削鉛筆。他先用鉛筆把探險家的描述記錄下來。等探險家提供證據後，他再用墨水筆記錄。

「怎麼樣？」地理學家問。

「喔，我住的星球不太有趣。」小王子說，「那裡很小。我有三座火山：兩座活火山，一座死火山。但很難說死火山會不會再噴發。」

「是啊，很難說。」地理學家說。

「我還有一朵花。」

「我們不記錄花。」地理學家說。

「爲什麼不呢？花最美呀！」

「因爲花是短暫的。」

「什麼叫短暫？」

地理學家說：「地理書是所有書籍中最嚴肅的書。這種書永遠不會過時。一座山很少會改變位置。一個海洋也很少會乾涸。我們只寫那些永恆的東西。」

「可是，死火山會醒過來啊。」小王子打斷他，「什麼叫短暫？」

「不管火山是死的還是又醒過來，對我們都一樣。」地理學家說，「我們關心的是山。山不會改變。」

「但什麼是短暫？」小王子又問。他一旦問了問題，就要問到底。

「意思就是：很快就會消失。」

「我的花很快就會消失嗎？」

「當然！」

「我的花很快就會消失。」小王子自言自語，「她只有四根刺來抵抗這個世界！我卻把她獨自留在家裡。」

小王子第一次感到後悔。但他馬上又鼓起勇氣。

「那您建議我去拜訪哪裡呢？」小王子問。

「地球。」地理學家回答他，「地球的名聲不錯……」

小王子走了。他惦記著他的花。

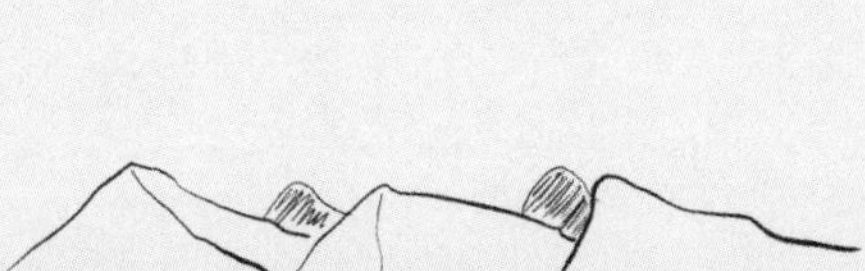

第十四話

誰說地理學家不能探險？

「老師！」

「怎麼了？」

「為什麼一個老師只要考一次試就可以永遠當我們的老師？」

「什麼意思？」

「學校有很多老的老師，他們思想跟教育方式都已經不適合我們了，但是他們卻一直在學校佔據老師的職位，讓那些比較貼近我們想法，像你這種或是比較適合我們的年輕老師，都永遠進不了學校，或是成為真正的老師。要是你是我們班班導就好了！」

這是一段曾出現在我的表演課堂中的對話，發問的是老師們提到他都說要留心他的男孩，在某些老師的評價中他很常唱反調，也定義他為問題學生。從我的課堂和他相處下來，我倒認為他是一個勇於表達，也很聰明的男孩，雖然偶爾說的話會讓人想翻白眼，但並不那麼討人厭，當年他只有國一。必須老實說，他的這段課堂提問，讓我在心中也跟著他的話去思考「對啊！為什麼？」不過從他的提問中，我得點出一些有待討論，不能全然成立的觀點。

首先，他在提出這個問題時，有很大的可能是在針對某位老師，用自己的主觀去否定那位他不認同的老師的教學方法，這並不能表示那位老師真的不適任。再來，他用年紀作為合適與否的區分標準，也並不完全正確，因為許多資深老師們仍然擁有教學熱誠，並且不停地調整自己與學生的相處之道，這麼說對這些老師並不公平。

「要是你是我們班班導就好了。」

我相信這句話有很多任課老師聽過，很多學生也都這麼對我許願過，我都會回答：「你錯了！要是我是你們班班導，你們就不會這麼喜歡我了。」要管理整個班級的難處何在，學生對於這方面認知非常片面，他們只會拿眼前讓他感覺最嚴厲的人跟讓他覺得最放鬆的人來比較。表演課所呈現出來的內容相較於談文法來得輕鬆，理解上也不像解公式那樣的複雜，所以這個科目讓他喜歡，因此定義我適任為班導也不是全然正確的說法。

撇除掉以上的種種，我覺得他還是提出了一個非常有趣的提問，就是：「為什麼一位老師，只需要考過一輪試驗，經過一段實習，考上教師甄選，就能永遠是一位老師？」當然現在這個少子化與教師過剩的情況，什麼都很難說，但基本上多數的老師因為本身資歷較深，所以在學校穩如泰山，反倒是年輕的老師比較需要擔心被超額的問題。資深老師可以無憂地教到退休，退休之前，還有多少老師仍然保持好奇心，對於自己的未知持續探索？

我不是師範體系畢業的老師，我在學校只是一名經過三招甄選入校的代理老師。（「三招」意指，前兩次公開招募皆沒有招到老師，在第三次招募時，條件會放寬到沒有教師證、只要相關科系畢業即有資格參加招募）所以我不知道一名老師從修教育學程到拿到教師證，還要考上正式教師的路有多麼艱辛。但必須說，老師是一個需要非常保持彈性的工作，因為時代在變，老師所經歷的生活若是一成不變，那可能是很大的問題。

曾經聽過一名知名企業家在網路上的分享，他犀利的一句話微微震懾住在螢幕前的我：「老師們你們要留心，你們非常有可能會成為這個社會中不具競爭力的人。」聽到這句話的當下非常驚訝，也開啟我另一篇章從未有過的思維。

一名老師的養成，從國小、高中、大學、研究所，都在學校中度過，畢業之後要先到學校實習，實習結束後，教師甄選上了就回到學校當老師，順利的話，能一路教到退休。

細算起這個人的一生，有大半輩子的時間都在校園當中度過，實際社會中的脈動，又有多少老師是能實際去體感測量，還是只剩下過往既有的經驗分享？

對我來說，那名企業家的分享，是一個值得自我提醒的警訊。當我教書到第三年時，我發現課程規劃已經有往年的經驗參考，所以即便微調教學內容，也不需要費太大的心力在備課上。說真的，每一堂課就像一場四十五分鐘的單人表演，我們要講什麼內容，設計什麼笑話，給學生什麼驚喜，都已在入班前安排妥當。有時還可以跟學生（觀眾）來點即興互動，一個禮拜可以上演十八場，下禮拜再換新劇本，每學期就要上演十八到十九集主題相同，內容不同的連續劇。我相信所有第一年當老師的人都是比較緊繃的，因為這十八個劇本從來沒被搬演過。每個禮拜面對新進度的第一班，都比較緊張一些，那就像是首演一樣，有些環節還接得不是那麼順暢，有些笑話講得有點尷尬，等到上到最後一個班級的時候，內容已駕輕就熟，甚至知道等等說到哪裡，一定會有學生會笑出來。

第三年任教，我只需從電腦翻出去年的教案，就知道我下週準備要講什麼了，也因此我有更多的時間可以運用。那麼，一位教學經驗深厚的老師，在毫無備課壓力的情況下，在教學之餘忙些什麼？改考卷？閱讀？創作？補眠？還是跟團購？逛網拍？打手遊？再更做作地問：有多少老師翻開過去的教學內容，仔細地翻查能更新觀點的可能？更多新的補充資訊？就像劇團要舊戲重演時，導演想的是時代變了，觀眾思考方式不同，我們講述同一個故事時，能有什麼新的切入方式呢？《羅密歐與茱麗葉》的愛情觀，以現代人的愛情觀點來看，該如何找到更多共鳴？

以這樣的邏輯去反觀身為一位教師，面對自己最熟悉的「作品」，談論同樣的章節，在新的時代中，有沒有更多新的詮釋可能？老師與製作團隊不同的是，老師們只要走進教室站上講台，不論呈現什麼，學生都得照聽，而導演與製作團隊卻有票房壓力，內容呈現得好，才有觀眾願意聽。

容我再次在這篇章提出天馬行空的問題：假如老師們也有「票房」壓力呢？假如每三年就要重新評鑑一次，要開放讓多人觀摩評鑑，而不是只有寫報告，做評鑑資料。有些人很懂得如何考試，準備資料，他們知道評審愛看的是什麼。那如果評審標準也擴大到包含學生？讓學生給老師們的課堂評分？

我曾經任教時，每學期都會給學生一份回饋問卷，請他們填入認為本學期最有趣的課跟最無聊的課，並且給我個人教學上的建議。我個人覺得觀眾的意見對一個講台上的「發表人」，有某程度的參考價值。我們必須不停止地調整與改變，甚至進修。

「重複」是當老師必須要習慣的事，從一天到一週到一學期到一年，都在重複。那要是有一天，自己不再是一名老師時，我們還能做什麼？除了教學以外，自身技能能在社會上找到生存之地嗎？那位知名企業家的演講，也許是想提醒我們意識到這點。如果離開了校園，我還有競爭力嗎？還是那時候才是自己第一次真正踏入「社會」？

看著身邊一些很好的教師前輩們，不停進修，為自己安排有助益的研習、計畫寒暑假去沙漠走絲路、報名海外志工、參與學思達的翻轉教育計畫課程⋯⋯，當我看到這些前輩這麼努力地在體驗生活，改變自己時，我替他們的學生感到幸福；反之，應付政府規定的時數而去研習，研習現場不停地滑手機做自己的事，無視於眼前的講者盡情聊天，安排出國辦理代購商品，組隊團購美食，安逸在自己舒適的教學圈圈中的老師也不在少數。有些老師常常嚷嚷學生的學習動力差，這樣看來顯得略為嘴軟。

詹喆君，她是我的大學老師，我們從一開始的師生關係變成同事關係（同台演出），畢業後進展成朋友關係，她偶爾擔任我的心理輔導老師，在我低潮期時給我開導。她人生中讓我敬佩的事情有很多。其一就是她到現在還是會利用假期反覆地回到她出國唸書的國家，吸收關於她自己專業領域的新知。

她是北藝大音樂系聲樂組畢業，之後前往美國拿下約翰霍普金斯大學（The Johns Hopkins University）琵琶第音樂院碩士，曾是國外歌劇院的簽約歌手，在當地有非常穩定的演出工作，二十九歲那年，她決定放棄申請到的綠卡，回到臺灣這塊土地生活，也展開她在臺灣的演出以及教學生涯，以她過往的經驗，要來指導我們關於聲音的概念和唱歌技巧，綽綽有餘。即便如此，她還是三不五時飛去紐約，報名工作坊，上大師班或是個人授課。她一直在進步，也不斷讓自己能對於聲音有最新的認知，能持續跟專業人士交流。

她的進修不是為了拿張證書回來讓自己升官，也沒以此回台用什麼頭銜讓她開到天價費用，她就是持續的學習。對我來說，她不只是一名「地理學家」，她同時讓自己成為一名「探險家」。持續保有競爭力，讓自己變得更強。

從教學現場放觀所有領域的我們，在自己的專業中，已經成為資深的地理學家同時，還能不能給自己探險的機會，接觸更多未知的領域，或是已知但需要更新的專業知識呢？

「拿昨天的知識來教今天的孩子，我們等於剝奪了他的未來。」

——教育家杜威博士

第十五話

不知道的勇氣

在上一話中學生向我提出的問題，當時在課堂中，我並沒有給出一個明確的答案，那樣的想法是我從來未想過的問題，我只回答他：「我大概明白你的意思，這個問題真的很有趣，但我無法回答你。」必須謝謝他，讓我開始這一連串的思辨，可惜我沒有辦法立刻和他分享我在書上所寫的這些，從他的提問到思辨、到寫書的今天，也花上了一段時間。

「我不知道」這句話，不知道有多少老師能夠在自己的課堂中輕易地說出來，在面對學生提出一個與自己領域相關卻不那麼確定答案的問題，我們是直接告訴學生：「我不知道。」還是被「老師」的身份框架挾持，讓自己當下回答出一個自己覺得勉強過關、學生卻完全聽信的答案？這只有老師們自己知道。

不過地理學家倒是很勇敢地暴露自己知道的有限。

「您的星球很美。有海嗎？」

「我沒法知道。」地理學家回答。

「啊，」小王子很失望，「那有山嗎？」

「我沒法知道。」地理學家回答。

「那麼，有城市、河和沙漠嗎？」

「我也不知道。」地理學家回答。

「但您是地理學家呀！」

多少時刻因為面子問題，多怕學生回你一句：「可是你是老師呀！」「可是你不是老師嗎？」

第三年教書的時候，因為課務安排，我得接手三個班級的音樂課程。這對我來說雖然不會太陌生，但也不算拿手的領域。在準備這每週三節的音樂課時，我更加謹慎，我知道課堂中一定有很多從小學音樂的孩子，他們比我更熟悉樂理和某些樂器的相關知識。課堂中的我曾向學生表示，我個人的專業領域在表演並非音樂，當然我有準備好能與他們分享的進度，但如果過程中我分享的內容有誤，希望有學過音樂的同學能夠提出來，跟我們分享。好在，我準備的還算妥當，還沒遇過「老師你講錯了！」的情況。

我覺得我的教學方法，受到大學的老師們不少影響，在求學生涯中對我影響甚大的老師，包含我的大學指導教授杜思慧老師，對她之所以印象深刻至今，除了她的教學方式有趣，跳躍性的思維讓她的課堂中有很多驚喜外，不論在表演相關知識上，或在生活思維上，帶給我不少次的衝擊。曾經在課堂中，她要求我們提出自己對於表演問題的想法，當下教室內的學生一片安靜，大家明顯地在等待老師給出一個答案。她突然朝我們大喊：「質疑我！不要再我說什麼你們全部都覺得是對的！挑戰我！」語畢後，全班更是一片靜默，這一次大家等的不是答案，而是等待眼前突如其來的震撼彈能在心中消化。「質疑老師？挑戰老師？」我們有聽錯嗎？那是我人生第一次遇到要求學生質疑自己的老師，跟我過往國小、國中、高中遇到不容許學生挑戰自己的老師反差相當的大。她把我們從一個被動接收者，轉變成一個主動出擊者，刺激我們有更多獨立思考的能力。

還記得在某一堂由她帶領的導演課堂中，下課前，有位同學向老師提出一個環境劇場導演上的相關問題，面對這個問題，她定格不知道多久，全班都在等她回答，眼看就要下課了，她竟然說：「你們讓我回去思考這個問題，我會再給你們答案。」

最後我在電子信箱收到她傳給全班的一封信，內容細節我已不記得，但當下我收到那封信時，最大的感受是，這個老師在面對學生的問題時，以她的實戰經驗，其實可以三兩下就給出一個答案，並足以讓我們這些新手導演們信服，不論這個答案的準確度是否為百分之百，她都能了事下課，但她並沒有這麼做。我推測，也許當下她認知到自己面對到的這群小孩是受著「老師說什麼就是什麼」的教育長大的，因此她更不能輕易的給出一個模糊的答案。假如她說出來的每一句話，都會被學生完全吸收，那麼她得好好地回去思量，該怎麼答覆眼前的問題。面對學生的提問，她是如此地謹慎，她並不害怕被學生質疑她的專業，實際上我們也並不因此懷疑她的專業，反而學到的比原本還要多。

那一位老師，那一個要求質疑她的大喊，那一個問題前的停頓，那一封謹慎的回信，教會我好多事情，影響我至今。後來當自己成了老師，看到學生們把自己當成神一般的信仰時，我終於體會我的老師當年的壓力，因為當自己說出什麼，學生都當成是對的時候，我們是否更該謹慎地問自己，在課堂中我們餵食了什麼給孩子？我們能不能像我的老師一樣的直接，像地理學家一樣的勇敢，去告訴我面前的小王子們：「我不知道，但讓我想一想再回答你們。」

地理學家再資深，
也有不知道的事。

輯六

沒關係，我有時候也不喜歡自己

16.

第七顆星球，就是地球。

地球可不是普普通通的一顆星球！算一算吧，地球上有一百一十一位國王（當然也包括黑人國王）、七千個地理學家、九十萬名商人、七百五十萬個酒鬼、三億一千一百萬個愛虛榮的人，也就是說，大約有二十億個大人。

爲了讓你們知道地球究竟有多大，這麼說吧，在發明電之前，六大洲總共需要四十六萬兩千五百一十一個點燈人，一支眞正的大部隊。

從稍遠的地方看，那是很壯觀的。這支大部隊的動作，就像歌劇院的芭蕾舞團那樣整齊。首先是紐西蘭和澳洲的點燈人出場。他們把燈點亮後，就去睡覺了。然後是中國和西伯利亞的點燈人，他們也退到舞臺的幕後。接著是俄羅斯和印度的點燈人。然後是非洲和歐洲的點燈人。接著是南美洲。最後輪到北美洲。他們從來不會弄錯出場的次序。這很壯觀。

只有北極和南極的點燈人，他們只有一盞燈，過著悠閒的生活：他們一年只工作兩次。

17.

一個人想賣弄聰明時，免不了會說點小謊。講到那些點燈人，其實我沒有很誠實。對於不瞭解我們這個星球的人，我可能誤導了他們。人類在地球上占的地方，非常小。如果生活在地球上的二十億人站到一起，靠得緊一點，就像一個集會，那麼只需要一座長、寬各二十海里的公共廣場，就可以容納所有人。我們甚至可以讓所有人擠進太平洋上最小的一座島嶼。

當然，大人不會相信你們。他們總想像自己占了很大的地方。他們總以為自己跟巴歐巴樹一樣重要。你們建議他們去做算術吧！他們愛數字：數字讓他們開心。你們可千萬別在這課外作業上浪費時間。這毫無用處。你們相信我好了。

小王子來到地球上，驚訝地發現：看不到一個人。他正擔心自己是不是

弄錯了星球，只見一個白色環狀物，在沙裡動了一下。

「晚安！」小王子想碰一碰運氣。

「晚安！」那條蛇回答。

「我落到哪一顆星球上了？」小王子問。

「在地球上，在非洲。」蛇回答。

「啊……地球上沒有人嗎？」

「這裡是沙漠。沙漠裡沒有人。地球很大。」蛇說。

小王子坐在一塊石頭上，抬眼望向天空。

「我在想，」他說，「星星之所以發光，是不是爲了讓每個人有一天都能找到自己的星球。看看我的星球吧，它正好在我們頭頂上……不過，它是那麼遙遠！」

「你的星球很美。」蛇說，「你來這裡做什麼？」

「我和一朵花合不來。」小王子說。

那條蛇「啊」了一聲。

然後，他們沉默了下來。

小王子接著說：「別的人在哪裡呢？在沙漠裡，眞有點孤單……」

「在人群中也會孤單的。」蛇說。

小王子盯著蛇，看了很久：「你是個怪異的動物，細得像根手指頭……」

「但我比國王的手指頭還厲害。」蛇回答。

小王子笑了。「你不會很厲害的……你連腳都沒有……你都沒法去旅行……」

「我可以帶你到很遠的地方，比一條船更遠。」蛇說。

那條蛇盤在小王子的腳踝上，像一只金鐲。

「凡是我碰過的人，我都可以把他送回老家去。」牠又說，「不過，你這麼純潔，來自一顆星星……」

小王子沒有回答。

「我很同情你，你那麼脆弱，在這個花崗岩地球上。我可以幫助你，如果有一天你後悔離開了你的星球。我可以……」

小王子說：「喔，我明白，但是爲什麼，你總說謎一樣的話？」

「我能解開所有的謎。」蛇說。

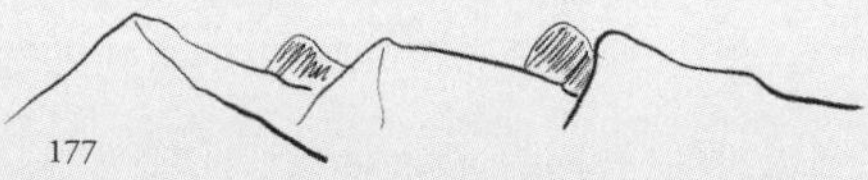

然後，他們都沉默了。

第十六話

有些月經，來得跟性別沒關係。

在《地球人遇見小王子》的巡迴日子裡，演出結束後上前來提問、分享、回饋、或是朝我謾罵的人我都遇過；向我吐露自己的感受到掉淚的人，也見過不少。二〇一九年底，巡迴到南部某所國中為畢業生們演出，當天演出的一小段對談，讓我在臉書上發了篇貼文：

今天演出後，一名國三男孩上前詢問：「老師，我是看上一場的，想問老師講到蛇那一段為什麼略過最重要的一句？」

王子：「沙漠好孤獨，人們都在哪裡？」

蛇：「在人群中也一樣孤獨。」

我：「由於演出時間有限，我有刪減，你應該有注意到點燈人、賣藥商人、火……」

他接著說：「火車調度員，對！我就想說怎麼沒有點燈人！」

我：「文本上我有做了一些篩選。那你之所以特別來找我，代表你覺得這段很重要，你的詮釋呢？」

我語句才剛結束，一個瞬間毫無防備的，他大而有神的眼眶紅起，接著潸然淚下，眼淚一顆接著一顆掉下，我上前給他一個擁抱，他原本壓抑的理性也跟著失守。

「我覺得很孤單。」

「我不知道該怎麼跟人相處。」

「我覺得跟他們格格不入。」

這幾句話隨著他眼淚一併吐出，在那個片刻，我除了感到揪心外，理性的腦袋有好多豁達又標準的回答閃過：

「做自己啊。」

「你會等到跟你頻率相同的人出現。」

「孤獨不見得是壞事，看你怎麼看？」

「也許是你太成熟，其他同學太幼稚。」

以上的答案任選，好像都能加油打氣狀的讓話題結尾。但實際上又能帶來什麼改變？不知道若跟他說：「我也不知道怎麼跟人相處，我幫不了你。」會不會很殘忍？他會不會傻眼？但這是我的實話。

我從小到大也都覺得自己長期身處在這個狀況。在國中、高中、大學、出社會，感覺自己好像變形蟲，想在群體能夠與大家有一樣的頻率與形狀，「做自己」這種瀟脫的回答，每每出現在網路文章、書籍或是朋友的口中，看似豁達，有時卻顯得不負責任，並不是每次「做自己」的經驗都能帶來好的效應。

也許有的人就眞的很「不做自己」才能和大家相處呢？當我們覺得自己很眞實，卻得到別人說自己很虛假時，什麼才是自己？自己全然的舒服自在與誠實？那社會應該也很難運作。

如果有些人的「原形」就是「變形」呢？也就是他的本來的「自己」就是「不做自己」呢？我們對於「做自己」的定義是否又侷限在某種形態？

於是，我給不了「做自己」這三個我都辦不到的字給他當鼓勵。

「我完全能體會你的感覺，因爲我自己也是這麼覺得。與人交流或是受歡迎對某些人可能就是容易，對有些人來說很難。但也許我們的孤獨不能幫我們變成受歡迎的人，但有機會讓我們成爲一個好的安慰者？因爲我們知道那個痛是什麼？也許格格不入不能幫你脫離孤單，但卻能在未來帶來意想不到的能量也說不定？」

這個我不確定是否著邊際的話語中，我到底是在對他說，還是在對自己說？

「做自己的太陽，你就能當別人的光，我希望，你能找回單純的勇敢。」——魏如萱

謝謝魏如萱以及很多創作人，用他們的創作溫暖許多人，不過也許不是每個人都能做自己的太陽，有時要找到單純的勇敢也要有點運氣。可能一輩子都在找，

但我們願意「試著去」。

「每個角色說的每句話背後都有個渴望。」那麼每個人的每篇貼文都有個渴望，我的渴望是：招待今天這片灰濛濛感受，有些安慰可能夾雜了其他。於是，我幫不了照片中的這兩位男孩。

現在回顧這篇我去年底的貼文，可能還品得出幾分感傷。但我相信那位男孩早就回歸他過慣的九年校園日常，即便偶爾仍感受孤獨，也不至於讓他時時刻刻掉淚。在那個當下，因為《小王子》的文本觸發他內心的孤寂，讓他爆發出他壓抑的情感。

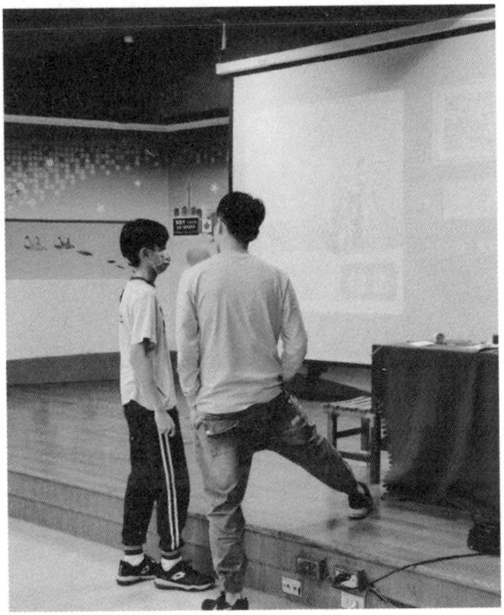

「孤獨」總是能爆發創作人的能量，不論是戲劇電影、音樂專輯、小說、散文、詩詞、攝影、繪畫與雕塑……，都能因為創作人自身對於孤獨的強烈感受，讓我們產生共鳴。可見「孤獨」一直是好幾世紀以來，只要是身為人都就沒辦法逃避

的事實。不過有的時候，我們可能因為這些作品而放大了我們的孤獨感，進而讓我們誤判，瞬間只覺得，全世界孤單的只有自己，別人看起來沒有自己來的孤單，也沒有人能明白自己的痛苦。

每當這個時刻來臨，我都會稱我自己月經來了。是的，即便我是男性，我們沒有生理上的經期，但我們確實還是有整個人心理狀態鬱悶難受的那幾天，或幾週。不論你是男性女性，我們都會有心理上的經期，跟生理經期不同的是，它常常來得沒有預兆。有些女性朋友在經期來臨之前，大概已經感覺得到，甚至在生活作息穩定的情況下，她們可以計算知道在什麼時間大概會遇上經期，如果有特殊活動的安排，還有方法可以避開。但心理經期最麻煩的是，常常在沒有預期的時刻，它就來了。

它可能來自於朋友今天的一篇貼文；電台隨機播放的一首歌；一封「尚未錄取，期待未來有機會合作」的通知信；一天下來沒有出現家人以外的生日祝福；根本沒預料學校安排的演出讓自己在講師面前淚崩；被邀約到某學校安排的《小王子》演出，結束後遇上某個學生的生命提問，引發自己生命的孤獨經驗，回家臉書發文……。

以上種種都可能爆發出我們生活的黑暗經期，接下來的幾個小時到幾天內不等，我們需要靜候它，讓自己慢慢調回平日的生活步調，那幾天的鬱悶，可能讓旁人大不解。就如同一個男孩子永遠不懂大好的體育課，她幹嘛就是要留在教室，躲在樹蔭，而不來打一場痛快的籃球？但男生們是否注意過，自己也有想躲在陰暗處不想被陽光照耀的時刻？

有些月經，來得跟性別一點關係都沒有。

當「月經」來時，我們的體感孤獨會無限擴張，擴張到我們覺得全世界最悲哀的只剩下自己，羨慕死那些永遠被太陽跟著的人。但其實，人們只是「看起來」不孤獨，不代表事實如此。那些擁有高人氣，高讚數，派對之王頭銜的人，還是有自己卸下帽子的時刻，他的某個角落，我們不曾參觀過，怎麼知道他的孤獨體感沒有我們的劇烈？

蛇說：「在人群中也會孤單的。」指的難道不是那位被人群愛戴的人嗎？仔細回想，當時那位男同學其實只用了一個角度詮釋了蛇的那句「在人群中也會孤單的。」我當下也因為他的問題，掉入了我自己的「月經」中，沒有再理性跳出另一層面去看看這整段對話與蛇的話之間的更多可能。

直到現在有機會在書中整理這段對話時，才發現，蛇所指「在人群中孤單的人」可能並不是他。可能是班上那些他所羨慕被圍繞的人，所以其實他在向我提問時，蛇早已經替我回答了他的問題。

我想他所解讀的角度是，他在班級（人群）中感到孤單，他無法融入群體，他希望找到人的陪伴。現在就我看來，這位男同學就是小王子，蛇正在告訴他，那個班上他想要融入的群體當中的同學們，也是孤單的。

男同學：「別的人在哪裡呢？在沙漠裡真的有點孤單……」

蛇：「在人群中也是會孤單的。」

第十七話

練習獨處

回想起那些由唸書、考試、交朋友、戀愛所組成的國高中生活，當中有大量的記憶與在乎的朋友、討厭的朋友、喜歡的人有關。當時似乎來沒遇過一個老師或是前輩來告訴我們應該好好花時間和自己獨處。

其實跟自己相處並不可怕，只是我們不習慣獨處。當我們一直讓自己處在人群中，我們反而不停受到外界影響。人有太多感知、太多情緒會被外在事物牽動，光在那個還沒有3C手機的年代，我們就已經被人的問題壓得喘不過氣了，更何況是現在——訊息傳遞的時間已濃縮到不用等到下課誰幫你傳紙條到隔壁班，上課中的我們，早就在課本裡藏匿的手機中完成一大段的爭吵。每一分鐘我們大腦要處理的資訊更密集了，能夠認識自己，處理關於自己問題的機會反而減少。

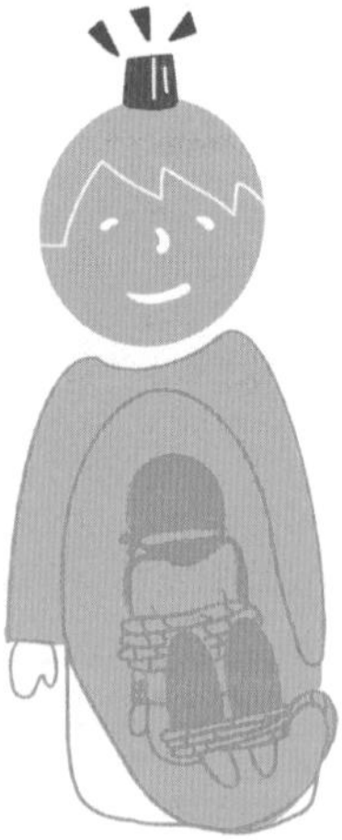

只要是被我教過的學生，都曾收過一份寒假作業，那是一份生活清單，裡頭有十多個項目，全部都關乎生活體驗。

其中幾項，我要求他們選一天與自己約會、自己看一場電影。我要他們不要因為今天剛好爸媽忙碌，所以一個人。一個人補習，一個人吃飯，一個人搭車，然後一個人回家。不是這種不經意的獨處日常，而是要求他們在行事曆中跟自己約好一天，像是有跟朋友約定的一樣，特別安排這一天去逛街或是看什麼展覽，跟自己好好地相處一天。

這對某些人來說並不困難，但對很多人來說卻很難做到。

我們在人群當中其實很難聽到自己的聲音，有太多社會化的遷就，禮貌性的勉強，避免衝突的妥協等。以上種種，都是直接壓蓋自己內心聲音的因素。

A：「我們等一下吃拉麵吧！」

B：「好啊！」

C：「不錯欸！」

此刻的D明明亮起紅燈：「今天中午才吃麵，晚上已經不想吃麵了。可是大家都這麼說……」

D：「都可以呀！」

很多時候為求合群，我們會必要性地命令自己的聲音安靜。偶爾也該給那個自己過過他想要的生活吧？

所以在這份作業裡，他們可以逛自己有興趣的店面，不用因為誰想看球鞋，誰想看外套，而遷就誰。就算有間小雜貨店讓你不自覺的晃上一個小時，也不會有人在旁邊覺得無聊開始滑手機，讓你明明還想多逛，但又不好意思讓他多等的說：「我們走吧！」

如果剛好走到電影院門口，時間對了，片子有興趣，買張票就直接走進去看電影。不用因為這部他看過了，那部他不想看，另一部又可能撞到他等等趕著家教的時間，而妥協一部最沒興趣的電影。

看完電影後，還有一點時間可以跟自己安靜遛達，去好好消化電影帶給自己的感受，不會因為太快有新的對話而洗掉剛剛的觀影經驗。

「快點！我媽叫我回家了，我們去趕６２４。」

整個過程，有任何感覺，任何新的發現和體會，都請他們紀錄下來，寒假結束之後要與我分享，當然不限用文字紀錄的報告形式。雖然很常遇到學生亂做作業的時刻：

「老師我有一個人去看一場電影！」

「喔？真的？」

「嗯，我在家看ＨＢＯ。」

「……謝謝。」

但還是有遇過很多非常出乎我意料的作業——有把一整天畫成漫畫的，有將高雄捷運地圖印出來閉上眼睛隨意指，指到哪站就搭到哪站的冒險體驗，書寫像論文一般的報告書的也有。

有一個寒假，我意外遇到正在執行這項作業的學生。當時我去看二輪片，排隊購票時，想說前方這個矮小的女生好像我的學生喔，仔細確認一看。

「妳怎麼在這裡？」

「我來做作業啊？」

「作業？」

「你的作業啊！」

「對吼！妳自己來？」

「對啊！我爸剛剛開車送我來，他說我看完他再來載我回家。」

雖說是我自己出的寒假作業，但實際讓我遇到學生在做自己出的作業時，還是有那麼一種不敢相信的感動，當時那個小女孩才國一，很勇敢地去嘗試她沒體驗過的生活。

也許看書的你，會覺得一個人看電影有什麼好用「勇敢」去形容的？但相信我，我到現在還是遇過很多成年友人跟我說他們不敢一個人去看電影，並不是怕遇到鬼還是什麼壞人，他們就是不敢。

這份關於生活的寒假作業，並沒有什麼人生大道理，只是很簡單地透過練習獨處，去認識自己。

我們從上幼稚園就開始群聚到出社會，一生當中有大量的時間得跟人群相處，或許是該花些時間好好跟自己相處了。

課本從來沒教過我們要練習獨處這檔事情。當我們開始嘗試，就有機會建立專屬自己的安全感，當我們找到最自在的型態，我們會知道，不論如何，都還會有自己的陪伴。

如果能在獨處的過程中，學會跟自己建立關係，也將發現其實獨處並不代表孤單，而是一種幸福。我們將為自己騰出更多空間，尊重自己每一個需求。

如果有機會讓我再遇到那名國三男孩，我想對他說：「你渴望的人群中，有很多小小的綁架案正在發生，只是你看不到。而你，因為孤獨，而自由。」

偶爾記得報個警，
解放那個被綁架許久的自己。

輯七

誰複製著誰的貼上

18.

小王子穿越沙漠，只遇見了一朵花。這朵花長了三片花瓣，很不起眼……

「你好！」小王子說。

「你好！」花說。

「人都到哪裡去了？」小王子禮貌地問。

那朵花有一天曾經看到一支駱駝商隊經過。

「人類嗎？我想，他們還活著，有六、七個吧。多年前，我見過他們。但是，不知道哪裡能找到他們。風吹得他們到處跑。他們沒有根，這讓他們生活得很辛苦。」

「再見！」小王子說。

「再見！」花說。

19.

小王子登上一座高山。他以前知道的山，就是那三座只有他膝蓋那麼高的火山。他甚至把那座死火山當凳子來坐。他想：「從這麼一座高山上望下去，我能看見整座星球和所有的人類……」可是，他只看見尖尖的岩石山峰。

他試探地問：「你好！」

「你好……你好……你好……」回聲回答。

「你是誰？」

「你是誰……你是誰……你是誰……」回聲回答。

「做我的朋友吧，我很孤單。」他說。

「我很孤單……我很孤單……我很孤單……」回聲回答。

他心裡想：「多奇怪的星球啊！一切都那麼乾燥，那麼尖銳，那麼鹹。這裡的人缺乏想像力，只會重複人家跟他們說的話……在我的星球上，我有一朵花，她總是第一個開口說話……」

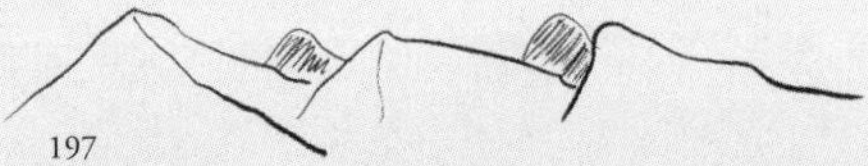

第十八話

曾經被壓成罐頭的日子

在我國高中時期，班上許多同學都有個熱衷的代表主題，某某同學喜歡龍貓、某某同學迷戀 Hello kitiy、某某同學熱愛酷企鵝、某某同學是迪士尼公主控等。那就好像是一種代表符號，被植入班上其他同學的腦袋，只要假日出去逛街，看到什麼相關產品：

「這個XXX看到一定會瘋掉！」

「這個好可愛喔，買一個給XXX！」

「你看！XXX」

「這款，XXX不知有沒有吼？」

在這個情況下，我開始覺得自己好奇怪，我沒有對任何卡通或是主題感到特別熱忱，眼看大家都有一個屬於自己的符號，我也想開始尋找我的。我當時很努力的去感覺，從九乘九文具店的3388專櫃，到高雄新崛江，甚至是郵購本或是漫畫店（若是你我的學生年代有差異，歡迎你上網Google何為九乘九的3388和郵購，Google會很詳細地替我說明）。

這場搜尋計劃失敗了，我仍不知道我喜歡什麼。

於是，我把念頭動到我喜歡的同學身上，當時我發現她喜歡Snoopy，我想說那我也來喜歡Snoopy好了，於是我決定要喜歡Snoopy。我開始說服自己喜歡Snoopy，也開始告訴同學我喜歡Snoopy，開始跟那個女生聊起Snoopy的話題，逛街時就一同晃到Snoopy的商品專區，也讓我有更多機會能接近對方。久而久之連我自己都相信這個喜歡Snoopy的自己。訂購有Snoopy的雜誌，買了Snoopy的資料夾，收藏高質感的藍色霧面Snoopy鉛筆袋，用起Snoopy的浴巾，Snoopy的抱枕，Snoopy的內褲，滿山滿谷的Snoopy遍佈我的房間，這樣的生活大約持續到我國三畢業。

這就是我荒唐的國中生活。直到升高中後，展開新的生活，遠離那個Snoopy女孩後，喜歡的動力逐漸退燒，直到某一天我冷靜細想，感到不可思議——我竟然可以說服自己喜歡 Snoopy 這麼久，說服到我還真的喜歡 Snoopy！冷靜後的自己，再回望我的房間，到處都是 Snoopy！近幾年回去老家整理房間時，翻出那個高質感的藍色霧面 Snoopy 鉛筆袋，我一次都沒有有用過，旁邊的合成皮早已經氧化爛掉，看著它，我自己都在房間要笑出來了。荒謬吧？

這是一個盲從的過程，希望自己要跟別人一樣，說服自己跟別人一樣，相信自己跟別人一樣。到發現自己其實可以不用跟別人一樣。

早期，日本傑尼斯家族的男團們，讓臺日少女們為之瘋狂，臺灣市面也很快推出男團組合可米小子、WEWE 等同款男團。

加拿大創作歌手艾薇兒（Avril Lavigne）在二〇〇二年以首張錄音室專輯《展翅高飛》（Let Go）出道，那一年以單曲〈Complicated〉、〈Sk8er Boi〉風靡全球，被高擁稱為搖滾女神。艾薇兒世界爆紅的幾年內臺灣也就立刻推出相同風格的女搖滾樂團櫻桃幫。

當時艾薇兒帥氣的煙燻妝也在世界各地傳開。拜艾薇兒所賜，讓我高一那年的班上女同學們，長得一模一樣。回去翻開高一時期的照片，同學和學姊們的上下眼線又粗又黑，還把眼影暈開，呈現疑似有被揍到的一種視覺效果。

高二時，新學期進來的一位學妹，我看著她大又黑的瞳孔，我在走廊上驚呼：「妳的眼睛好漂亮喔！」

她：「對啊！」

一開始我以為有人天生長這樣，後來我才開始發現，大家的都瞳孔都一起放大了，好看歸好看，但就有點看不出這個人真正的「神情」，整體看起來有一種空洞的朦朧罩在這個人前面。不知道小王子要是遇到某星球上住著一個戴瞳孔放大片的人會不會說：「人死掉之後，瞳孔不就放大了嗎？在急什麼呢？」。

近年的韓國的髮妝與穿搭，我想就不用多說了。網路上從「江南大叔」，到「PPAP」，到「我們一起學貓叫，一起喵喵喵喵……」。從「藍瘦香菇」到「傻眼貓咪」，以及現在的「是在哈囉！」

我們畫的、穿的、整的、講的、唱的……，what ever！

地球上的流行跟盲從的區別何在呢？小王子肯定是開了一個眼界了。我們是透過模仿找到自己的樣子，還是我們透過盲從失去自己的樣子？

有些人樂於成為罐頭，
讓自己從外包裝到內包裝，和別人一模一樣。

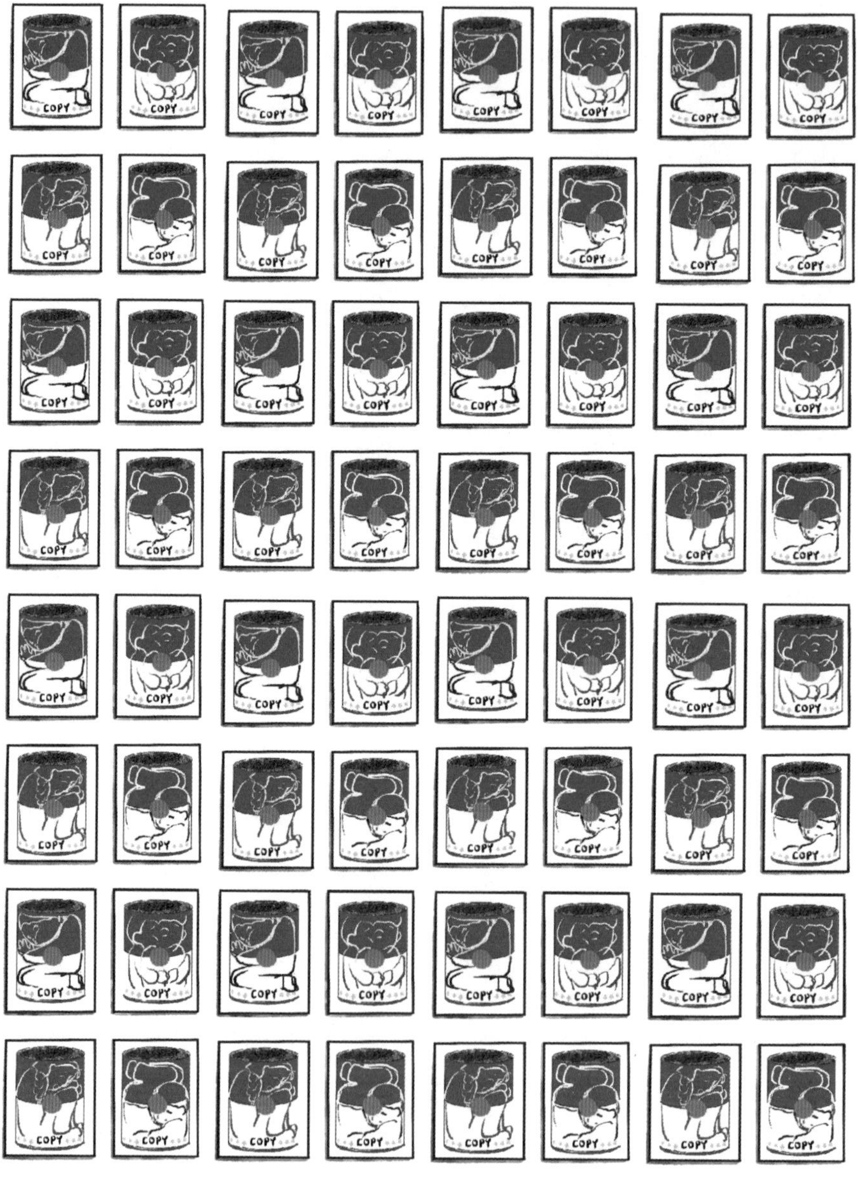

第十九話 冷靜一點，在回聲谷的我們！

臺灣曾經出現人們為了厚奶茶衝進Costco的奇觀，不知道有多少人還記得當時有如活屍傾巢而出的獵奇畫面。如果厚奶茶本身就有會讓人為它奔跑的能力，為什麼那個場景如今已經看不到了呢？不論是misterdonut到胖老爹，都不再看到當年瘋狂的奇景，它們都變得不好吃了嗎？一樣的甜甜圈和一樣的炸雞還有厚奶茶當年是否也曾好奇的想：「人類，你們還好嗎？」

二〇一八年在《地球人遇見小王子》巡迴期間，臺灣發生了衛生紙之亂，我曾經在我的演出中大喊：「為什麼買不到我要的衛生紙！」這樣的內容在時事過去之後，我就把它從我的演出中移除了。我不敢想像，短短的兩年內，這句台詞竟然會再次出現在我的演！出！當！中！到底為什麼！！！

在這之前，造謠的人固然可惡，但我們身為人，處在這個資訊發達的網路時代，是否可以利用網路，冷靜釐清或是多方求證呢？

我的好友跟我說，一顆茶葉蛋早期從八塊漲價到十塊時，整整漲了兩塊錢，若要以漲幅比來報導，可以說一顆茶葉蛋漲了百分之二十，聽起來是個多麼嚇人的數字。

「一顆蛋竟然要漲百分之二十！」

要是當時新聞是以漲幅比去報導，恐怕也要引發搶蛋熱潮？雞當時還真的要感謝新聞沒有這樣報導。

當二〇一八年新聞報導說衛生紙紙漿漲幅高達百分之六十時，想請問各位前往商場廝殺的朋友們，真的有仔細算過自己省下多少錢嗎？那一整袋衛生紙多出的一杯珍奶或是一份便當的價格，會需要這樣大費周章的攜家帶眷，要求家中老小一人得抱上兩包的最高限額嗎？

為何不是反觀自己日常使用衛生紙的習慣，很多時候我們會無意識地抽個兩張來擤鼻涕，抽個兩張來擦手，抽個兩張做任何事，都是不經過衡量的直接抽取，有人擦一塊地上的蛋糕，抽得像是需要止血一樣的量。這個習慣動作，在無形之中浪費不少。記得我大學時期，某次過節回到奶奶家，被我大伯在院子裡罵說我用衛生紙每每都直接抽兩張，那一刻我才發現我從來沒意識過自己每次使用衛生紙的需求量。

難道去喚起全家對衛生紙的用量意識，都沒有比那一杯珍奶價差來得節省？當然，有些人會說：「省下一杯珍奶的錢，也是錢。」

但實際上會因為一杯珍奶價差進而影響生活的人有多少？如果有人的生活真的會一杯珍奶的價差而受到牽連，我想那個人連買串衛生紙本身都有困難，他們會寧可省下買衛生紙的錢去買幾份便當好好餵飽自己。不是嗎？而我們，是否真的有需要省那筆錢去下架衛生紙，讓真正有需求的人買不到嗎？值得思量。

有一天我要買一杯咖啡，走到鄰近的星巴克一看，現場排了一長條隊伍，心想：「哇！剛好遇上星巴克買一送一？那好吧，只能等一下。」當時我還沒排到店裡頭，人站在店外的隊伍中，一名大姐經過騎樓，看到隊伍很好奇地問我說：

「弟弟，這是在排什麼？」

「喔，好像是今天星巴克買一送一吧。」

「今天買一送一喔？那我也來排一下好了。」

「?!」

她就這麼臨時決議加入隊伍了。不知道若是今天都沒有經過這裡，她本身就有想要喝咖啡或是飲品的需求嗎？還是只因為遇到了，才想跟上？我想商人們也因為明白我們在回音谷的特性，在行銷上反倒創造了我們原本沒有的渴望，將我們本來的「不那麼需要」轉換成「我也要」或「一定要」。小到一杯咖啡，大到一台 iPhone，都可能讓我們不自覺地在日常生活去跟上別人。

「多奇怪的星球啊！一切都那麼乾燥，那麼尖銳，那麼鹹。這裡的人缺乏想像力，只會重複人家跟他們說的話……」

輯八

當你馴養我，你才那麼特別

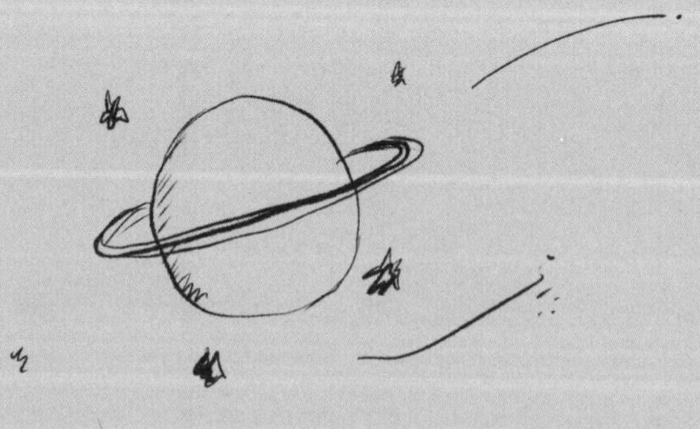

20.

穿過沙漠、峭壁和雪地，走了很久很久，小王子終於發現了一條路。所有的路都通往有人居住的地方。

「你們好。」他說。

那是一座開滿玫瑰的花園。

「你好！」玫瑰說道。

小王子看著這些玫瑰。它們都很像他的花。

「你們是什麼花呀？」他詫異地問。

「我們是玫瑰。」那些玫瑰回答。

「啊！」小王子歎道。

他感到很難過。他的花告訴過他，說她是宇宙中獨一無二的一種花。但這裡，一座花園裡就有五千朵這樣的花，都長得很像！

他心裡想：「如果她看到這些，一定會很生氣……她會使勁咳嗽，假裝死了，來避免尷尬。我也不得不假裝照顧她，否則爲了讓我難堪，她可能會眞的死去……」小王子趴在草地上，哭了。

然後，他對自己說：「我還以爲自己很富有，因爲我擁有世界上獨一無二的一朵花，其實不過是一朵普通的花。這朵花，加上三座只有我膝蓋那麼高的火山，其中一座也許永遠熄滅了，這一切不會讓我成爲一個偉大的王子……」於是，小王子趴在草地上，哭了。

21.

這時候，一隻狐狸出現了。

「你好！」狐狸說。

「你好！」小王子禮貌地回答。他回頭一看，什麼也沒看到。

那個聲音說：「我在這裡，在蘋果樹下……」

「你是誰？」小王子問，「你好漂亮……」

「我是一隻狐狸。」狐狸說。

「過來和我一起玩吧？」小王子建議，「我好傷心……」

「我不能和你一起玩，」狐狸說，「我還沒有被馴養。」

「啊，對不起！」小王子說。想了一會兒，小王子又問：「馴養，是什麼意思？」

「你不是這裡的人吧。」狐狸說，「你在找什麼？」

「我在找人類。」小王子說，「馴養，到底是什麼意思？」

狐狸說：「人類啊，他們帶著獵槍，到處打獵。非常討厭！他們會養雞。這是他們唯一的樂趣。你在找雞嗎？」

「不，」小王子說，「我在找朋友。什麼叫馴養？」

「這是完全被人忘掉了的事情。」狐狸說，「意思就是，建立關係……」

「建立關係？」

「是的。」狐狸說，「對我來說，你只是一個小男孩，就像其他成千上萬的小男孩。我不需要你。你也不需要我。對你，我只是一隻狐狸，就像其他成千上萬的狐狸。可是，如果你馴養了我，我們就彼此需要了。對我，你就是世界上獨一無二的；對你，我也是世界上獨一無二的……」

「我有點懂了。」小王子說，「有一朵花……我想她已經馴養我了……」

「很可能，」狐狸說，「在地球上，什麼事情都會發生……」

「喔，她不在地球上。」小王子回答。

狐狸非常驚訝：「是在另一個星球上嗎？」

「是的。」

「那個星球上有獵人嗎？」

「沒有。」

「這很有意思！有雞嗎？」

「也沒有。」

「沒有十全十美的事。」狐狸歎道。不過，狐狸又回到原來的話題。

「我的生活很單調。我捕雞，人捕我；所有雞都長得很像，所有人也都長得很像。所以，我就覺得有點無聊。可是，如果你馴養了我，我的生命就會充滿陽光。我會認得你的腳步聲，它跟別人的都不一樣。別人的腳步聲，只會讓我鑽進地洞。你的腳步聲呼喚我從地洞裡鑽出來，就像一陣音樂。還有，你看！看見那邊的麥田了嗎？我不吃麵包。麥子對我沒有用處。麥田不會讓我想起任何東西。這讓人難過！可是，你有一頭金髮。所以，等你馴養了我，那會非常美妙！金色的麥子，會讓我想起你。我會愛上風吹過麥田的聲音……」

狐狸不說話了，久久地看著小王子。

「請……馴養我吧！」牠說。

「我很願意。」小王子回答，「但我沒有很多時間。我要去結識朋友，還想瞭解很多事物。」

「我們只瞭解我們馴養的東西，」狐狸說，「人類再沒有時間去瞭解其他事物了。他們到商店買現成的東西。不過，世界上還沒有可以購買朋友的商店，人類再也沒有朋友了。如果你想要一個朋友，就馴養我吧！」

「我該怎麼做呢？」小王子問。

狐狸回答：「你得有耐心。你先坐得離我稍遠一點，像這樣，坐在草地上。我用眼角的餘光看你，你什麼也不要說。語言是誤會的源頭。但是，每一天，

你都可以坐得離我更近一點……」

第二天，小王子回來了。

狐狸對他說：「你最好每天在同一個時間回來。比如說，如果你下午四點來，那麼從三點開始，我就會感到開心。時間越接近，我就會越開心。到了四點，我就坐不住了，我就會擔心。我發現這就是幸福的代價！如果你隨便幾點過來，那麼我就永遠沒法知道幾點該給我的心穿上衣服……必須有儀式。」

「什麼是儀式？」小王子問。

狐狸說：「這也是完全被人忘掉了的事情。儀式，就是確定一個與其他日子不同的日子，一個與其他時辰不同的時辰。比如，獵人有一個儀式。他們每星期四都和村裡的姑娘一起跳舞。星期四就變成了一個美妙的日子！我就可以到葡萄園去散步。如果獵人什麼時候都跳舞，天天又都一樣，我就沒有假期了。」

就這樣，小王子馴養了狐狸。出發的時刻快到了，狐狸說：「啊，我會哭的。」

「這都是你的錯。」小王子說，「我不願意你難過，你卻要我馴養你……」

「沒錯。」狐狸說。

「可是你會哭的。」小王子說。

「沒錯。」狐狸說。

「你什麼好處都沒得到嗎？」

「有的，」狐狸說，「多虧麥子的顏色。」

牠又說：「你再去看看那些玫瑰吧。你會明白，你的玫瑰確實是世界上獨一無二的。你回來和我告別時，我會送給你一個祕密。」

於是，小王子回去看那些玫瑰。

「你們一點也不像我的那朵玫瑰，你們還什麼都不是呢！」他對那些玫瑰說，「沒有人馴養你們，你們也沒有馴養過任何人。你們就像我以前的那隻狐狸。那時，牠只是和成千上萬隻狐狸一樣的一隻狐狸。但是，我和牠做了朋友，現在牠就是世界上獨一無二的了。」

那些玫瑰很難爲情。

他又說：「你們很美，但是你們空虛。沒有人會爲你們去死。當然，一

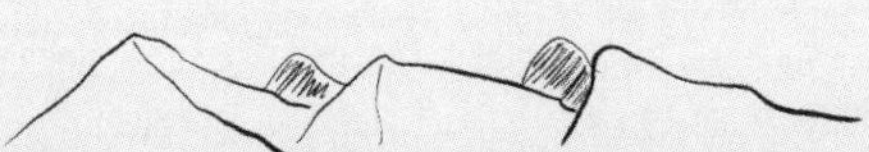

個普通的路人，他會覺得我的玫瑰和你們很像。然而，就她一朵，比你們全體更重要。是爲了她，我澆水。是爲了她，我罩上玻璃罩。是爲了她，我用屏風保護。也是爲了她，我殺死那些毛毛蟲（只留兩三隻，讓牠們變成蝴蝶）。我聽她抱怨或者吹牛，甚至沉默不語。因爲她是我的玫瑰。」

然後，他又回到了狐狸身邊。

「再見！」他說。

「再見！」狐狸說，「這就是我的祕密。它很簡單：只有用心看，才能看清楚。重要的東西是眼睛看不見的。」

「重要的東西是眼睛看不見的。」小王子重複著，要把它記住。

「因爲你爲你的玫瑰花了那麼多時間，它才變得那麼重要。」

「因爲我爲我的玫瑰花了那麼多時間……」

小王子重複著，要把它記住。

「人類已經忘了這個眞理，」狐狸說，「但你不要忘記它。你永遠都要對你馴養的對象有責任。你對你的玫瑰有責任……」

「我對我的玫瑰有責任……」小王子重複著，要把這句話記住。

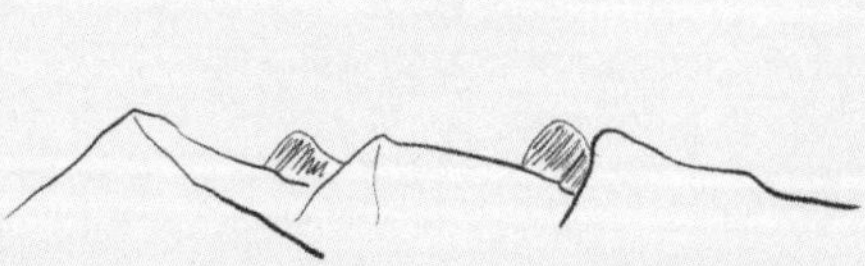

第二十話

無期限抵制失速列車

「話語就像一班已啓動的列車，車廂們緊扣著缺一不可，一旦多了或是少了，危險的程度絕對超乎預期內。」——《別聽他們說》

《別聽他們說》是我在大學二年級導演課的課堂作品，透過劇中角色之間傳話的些微落差，造成一些誤解性的笑話，是屬於較詼諧性的短篇小品。這個作品的創作源起，來自於我大學一年級的社交經驗。

我大學唸的是表演藝術系，在大一下學期，我與班上其中一位同學（化名甲蟲）跨系選修視覺傳達系的排版設計課。在那堂課，我第一次接觸到 Adobe 系列的 indesign，那是一個平面排版的軟體，透過這個軟體可以設計出一本雜誌、節目冊、文宣手冊等。

大一下學期末，我們系上的教授因為寫企劃拿到一筆經費，可供三名學生免費去英國遊學，這三個名額需要經過筆試與面試兩階段徵選。我們幾位同學順利地進入到第二階段的面試，教授要求第二階段的面試學生準備一段對這趟英國行的自主行程規劃報告。甲蟲同學很有創意，他利用這學期所學的indesign，把原本死板的A4書面報告設計成一本前往英國的機票簿。在面試的前一晚，我打算徹夜通宵趕工也為自己設計一份簡單的小手冊去應試，當時班上有位和我還不錯的同學（化名為松鼠），她從網路找到許多關於英國著名景點的相關資料。我跟松鼠說如果有需要我也可以幫她設計一份。當她交給我一疊滿滿的資料時，我跟她說：

「老師肯定比我們清楚英國這些景點，我覺得老師想看的不是這些網路下載來的資料，而是聽到我們對於這些景點的行程上有何安排或想法，所以我覺得妳應該把這些內容化為你的口說報告中，輸出的紙本應該比較是重點式的，而不是整篇冗長的論述。」

那個晚上，我以為我們有達成協議，所以我照我的想法通宵完成兩份重點式的B5小手冊，我的這一份跟她的那一份頁數一樣，字數相當，只是顏色與風格不大相同。整晚沒睡的我撐著身體前往輸出中心印出來的那一刻，我看到她的表情不太對勁，我心想她可能不是很喜歡這份成果。

果然不出一節課的時間，我就聽到同學跟我說松鼠在哭，我想說：「哇！她真的不喜歡。」

當天傍晚的面試，她被排在我的下一位，當我結束我的簡報走出教授辦公室時，看到她一手拿著原本那份很多字的資料和我為她設計的B5小手冊，進去辦公室。把門關上的那一刻，她大聲地喊：「老師你看宮能安幫我弄的這個是什麼啦！」她以哭鬧玩笑的語氣講這句話，我聽到面試教授爽朗的笑聲，在門外的我並不好受。我可以接受松鼠不喜歡這份手冊，但這樣的戲謔，還挺讓我受傷的，不論它的成果好壞，畢竟還是我花了整個晚上完成的。事後我沒有多說什麼，就讓這件事情放心裡讓它過去。最後去英國遊學的名單有松鼠也有甲蟲，沒有我。

這個事件先暫時告一段落。

升上二年級，新學期的課程與一年級最大的不同，就是會打破原本班級的人員組成，所以會跟別班的同學一起上課。因此開始跟隔壁班同學們有一些交集。

某天課後和新同學們聊天時，他們無意間提到，曾經在大一時對我的印象很差，因為他們聽說我在大一時，為了爭取去英國的機會，刻意把別人的報告給做壞。

「那時候，我們班聽說松鼠哭了。」

我當時感到相當錯愕，腦袋一片空白。這件事情是怎麼被解讀成這樣的？

不過仔細想想，整個事件的始末若以「心機」、「較勁」、「陷害」的角度來套入解讀宮能安這個人，完全成立。也許當時松鼠只想表達她的受傷，但她不知道在她傾訴之後，會造成別人對我的誤解。我相信當時的她並不是有心的，不過聽到隔壁班同學對我的誤解，我感到驚訝，於是我把我這半邊「黑魔女」故事告訴他們，他們才瞭解我的角度下發生了什麼。

之所以會造成這樣的誤解，也許是松鼠描述事件時少了兩個細節：

一、我們當晚有溝通過要把「內容簡化成口說」，或許我們對於「簡化」的定義有落差，造成後來成品出爐與松鼠事前想像的不一樣。

二、松鼠也許沒有告訴大家，我自己的這份一報告，在字數與頁數上跟她的那份可以說是一樣，只是風格與內容有所不同，並不是我的內容比較豐富，她的內容比較簡化。

只要省略這兩點的呈述，就會讓事件只剩下：「我原本準備好一疊的資料要去報告，宮能安說要幫我設計成冊，最後，一疊的報告變成只有四頁的Ｂ５手冊，裡頭的內容都被宮能安刪掉了。」當宮能安的身份也是這場徵選的競爭者時，聽故事的人很容易會被導向「宮能安為了要去英國，把同學準備的資料刪掉」這類的解讀。

在生活中面對到的每一次人際衝突，究竟帶給我們什麼？「誤解我的人都是蠢蛋」、「在我背後亂說話的人都是爛人」這種結論對我來說毫無幫助，而且反而罵到自己。我並不因此憎恨松鼠或是任何一個在這個事件裡誤解我的同學，因為這個事件給我的價值相當珍貴。它提醒我過去無數次的訴苦，也可能造成聽者對於我抱怨的對象產生誤解。這個事件中，我並不比松鼠或那些同學更高貴，回溯過去的生活經驗，你會發現你我都曾這樣過。

經過這個事件，我對於「說話」的議題非常有感。後來那位本來在大一時期對我印象很差的同學，在大二導演課堂中擔任與我合作的副導演，我跟他說我想把這整個事件創作成一個作品，也是他幫我創作出「話語像班列車」這段標語，至今我仍舊非常喜歡他當時寫下的這句話。

狐狸：「語言是誤會的源頭。」

每當我們轉述一件事，無形中就加入自己詮釋觀點，原本那些字句的數量與速度，我們不可能毫無落差的重現。當這班「文字列車」從我們的站點出發，它就註定會不停地轉站，甚至以我們無法想像的方式改變速度，過程中車廂加加減減，最後會以不同的面貌失速撞上自己或身邊的人。

日常生活中，我們透過語言傳達指令，轉告資訊，分享笑話，討論八卦等，並不是每一次都能對自己有高度意識。願我們都能在說話時保有警覺，聽話時留有智慧，給自己多一點空間去接收別人給予的二手消息。畢竟，一張嘴害死一條命的故事並非純屬宮鬥劇的戲劇效果。

我們常常在面對衝突後感嘆地說：「友情很脆弱。」
有時候不是友情太脆弱，是語言的力量太可怕。

「我們用兩年學說話，卻要花一輩子
才學會閉嘴」

——海明威

第二十一話

我們一個腳步聲都分不清

一成不變的生活裡，如果能擁有一段關係，被一個人馴養，我們的生命會有如被陽光照耀一般充滿希望。期待與朋友的約會，享受相處的自在，擁有朋友在生活中的照料。馴養讓生活擁有更多面貌。

我非常喜歡狐狸在書中提到「腳步聲」的概念，雖浪漫，卻實際。

「如果你馴養了我，我的生命就會充滿陽光。我會認得你的腳步聲，它跟別人的都不一樣。別人的腳步聲，只會讓我鑽進地洞。你的腳步聲呼喚我從地洞裡鑽出來，就像一陣音樂。」

獵捕雞和躲避獵人是狐狸再熟悉不過的日常，為求生存，牠得分辨雞和獵人的腳步聲。這樣的生活讓牠覺得無趣，假如有天小王子馴養了牠，牠的生命也將開始有別於往常，牠將會認得小王子的腳步聲，那個屬於好朋友的步伐，令牠感到幸福的聲響。

現實生活裡，我們卻常常誤認腳步，進而亂了自己的腳步，躲進自己的洞穴，關起心中大門。

「腦補」，現今所常用的新興詞彙，它起源自日本動漫。形容觀看者在大腦中透過想像來補足或添加原本劇情中沒有呈現的情節段落。後來詞義延伸至對其它形式的作品、甚至對現實生活的事件進行想像。

對我來說「腦補」的行為並不新鮮，早在動漫誕生「腦補」一詞之前，我們生活當中早就大量的出現腦補行為。

論起學生生活，對我來說也許遙遠。但當我回到校園教書時發現，即使時代在變，人與人的問題還是循環性地上演。關係分裂，你我都很熟悉，看著學生上週還騙老師說沒帶課本要和某人一起看，這週連把剪刀都不願意借對方。這些有趣的過程，好像看著螞蟻生態箱的人類版。

當我們身邊出現一個最近才熟絡的新朋友，和自己不經意的對話：

「欸？你不是跟那個誰一直都很好嗎？那你有聽過他跟別人說過你什麼嗎？」

「他說什麼？」

接著一連串的列車大量地撞進自己的內心，新朋友和自己講述一些從沒聽過的事件，人們的腦補機制將直接開啟。

「他為什麼可以這樣講我？」

「他不是我的好朋友嗎？」

「還是他根本沒有把我當朋友？」

「嫉妒我成績比她好？」

「還是上學期班費拖欠太久他不爽？」

「他生日我有補送禮啊，應該不是因為忘記上次生日吧？」

「聖誕卡片？」

「上次在電影院？」

停止腦補行為！去問他！去問他！去問他！去問他！

「才不要問他咧！他應該自己來找我說清楚！」

「我今天都不要跟他講話，直到他來找我為止。」
「他怎麼整天都沒來？他真的有這樣講我？」
「哇靠！不是吧？搞什麼！整天都沒找我，沒把我當朋友嗎？我一直都把你當朋友欸！」
……
你的朋友也開始覺得你的態度很奇怪，說話很冷淡，貼文中有種在指桑罵槐的氛圍，問你怎麼了卻又說沒事，開始覺得你莫名其妙，也就沒有再如往常陪你搬餐桶。
這個突然的缺席動作，又讓你持續腦補：
「心虛！心虛！」
「虧我還把你當朋友！」
「看清你這種人了！」
一週、兩週、半學期，更多的「腦補」應證，久而久之莫名地尷尬起來，講話都彆扭。我們擅自給朋友判下死刑，他連被判刑的原因都還不知道，辯駁的機會都沒有，就直接結案。別人問你們之間怎麼了，也說不清楚，他也只能說「他就突然不理我了」。

但是，他不是你的好朋友嗎？怎麼他的行事和為人你好像從來沒瞭解過一樣，一個腳步都認不出來，獵人只是經過，板機都還沒扣，我們就朝自己開槍。如果說，人的腳步聲複雜到難以一一辨認，那麼小心翼翼地確認不是更重要嗎？然而面對關係當中的質疑，我們都不願意當先開口的那一個人，只見到關係的鴻溝越來越深。

「我終於看清他了！」

好常聽到人們抱怨一個人時會這麼說。但在我們拋出這句話的同時，是否也在大聲的宣告說「我看人的眼光有問題！」「我一直把狗屎當黃金」。

那個曾經馴養過我們的人，到底在什麼樣情境，什麼口氣下說出自己的不是？我們卻不願跟本人確認，就下定論。對我來說，只要不是本人說出來的話，全部都是二手話：「我聽說」、「他好像」、「他應該」、「我覺得他一定」……，這些當中都含有不完整、不確定的成份。我們如果毫不保留地將所有消息吞嚥且消化，對健康非常有害。

平時我們在用餐時，都懂得向媽媽確認今天的濃湯裡面有沒有放紅蘿蔔，確認朋友買的大腸包小腸有沒有放香菜，細看老闆端來的最深色的黑塊是蒼蠅還是肉渣，卻從不確認我們聽到的消息含有什麼主觀或不確定的加料。

我曾經有過一段多年的戀情，這段關係幾年前經營到尾聲，已經告一段落。分開不到半年，我人在海外工作發生一些狀況，回到臺灣看到對方在網路上影射性的怒罵。

我當時直接對號入座地傳訊息給對方，邀約他出來見面好好向他說明清楚，我猜想應該是有什麼話傳到他的耳中，讓他如此激烈。這個爆氣的舉動我能理解，其中包含受傷與憤怒，會這麼生氣也是因為還很在乎這段關係。但當時我也非常訝異地想：「原來人對彼此多年的熟悉可以因為一段傳話，變得虛無，在那一個瞬間，我感覺那些年的馴養好似成空。」

我在想，要是有人跟突然對小王子說：「你的花爛透了，香氣全然造作，邪惡又醜陋。」不知道王子會作何反應？向來瞭解玫瑰的王子會求證，還是直接定論？被花朵馴養過的日子，他看過的花朵的所有姿態，傲慢、無理、脾性……，離開B612的他還能記得多少？

小王子：「我聽她抱怨或者吹牛，甚至沉默不語。因爲她是我的玫瑰。」

對於那朵曾經馴養過我的花，他的暴怒，我完全能理解，我們交換立場來看，自己又何嘗不是這樣呢？每當我們聽說一件事情，貼文宣洩，這些舉動都顯示出我們的脆弱，以及自我保護的需求。往往第一時間情緒讓我們炸滿了刺，深怕自己再受到更多傷害。只是當我們氣急攻心，理智往往歸零時，也會常常不經求證的就掉入情緒的陷阱之中。

那如果狐狸能認出小王子的腳步聲，小王子能記得自己馴養過的花朵香味與惡習。

我們能認得什麼？

第二十二話 金色麥田

在我升大二那年的暑假，某一天午後我人在租屋處翻箱倒櫃，瘋狂地找一樣非常重要的東西。抽屜、衣櫃、層架、垃圾桶全都被我搗得亂七八糟。當時的我越翻越心急，呼吸跟著加快，眼淚呼之欲出，我邊哭邊找地說：

「怎麼會不見？怎麼會不見？」

「要沒有了，什麼都沒有了！」

「我什麼都沒有了！」

現場亂七八糟，最後我窩在房內牆角，屈身抓頭崩潰哭著：「都沒有了！」

現在回想起那個午後，很想敲敲房門對那個戲劇化的自己說：「先生？偶像劇看太多囉！」

到底是什麼重要的東西，讓一個十九歲男孩如此失態呢？答案是一張冬の戀巧克力銀白色包裝紙，也就是一個垃圾。

那是在某次爭吵中，我的玫瑰花向我道歉時拿出的巧克力：「我們合好。」我一直保留著那個吃完的巧克力包裝。那年夏天感情告吹時，我突然想要找出這張包裝紙，但我再也找不到了。現在回憶起為了巧克力包裝紙哭泣的自己，似乎很愚蠢，但對當時的我來說，因為玫瑰曾經的付出，而讓那個平凡的包裝紙變得不平凡。

我相信應該有很多人的記事本夾過一張被撕下的考卷截角；行事曆上面貼過一條使用過並且黏性不佳ＯＫ繃或透氣膠帶；或者放在錢包中那個重要的球星閃卡；書櫃上有支老早就沒在戴的手錶；抽屜裡有罐見底的香水……。

以上這些東西，如果遇上日本的瑜伽理念斷捨離（だんしゃり），基本上都會是被列為頭號目標，直接移除。那是什麼原因讓我們將這些旁人看似垃圾的東西視如珍寶呢？

是那些曾在我們生命中，馴養過自己的狐狸與玫瑰，在我們心裡種下的麥田。

「你看！看見那邊的麥田了嗎？我不吃麵包。麥子對我沒有用處。麥田不會讓我想起任何東西。這讓人難過！可是，你有一頭金髮。所以，等你馴養了我，那會非常美妙！金色的麥子，會讓我想起你。我會愛上風吹過麥田的聲音……」

——一直以來你在老師眼裡是個乖學生，你也很努力經營自己這樣的形象。沒想過過於重視成績的自己，在某次尚未準備完全的考試中決定要作弊。你人生的首場作弊，就這麼被逮個正著，而抓到你的老師，卻是你最信任也最尊敬的老師。當下老師對你非常失望，氣急敗壞地在辦公室撕碎你的考卷。但老師願意再給你一次機會，為你重新出一份考卷，以不一樣的考題去作答，並且分數要八折計算。因為老師的教誨，走廊上的你痛哭不已，你知道老師真心為自己好，自己也破壞了老師的信任，那張碎片，你到現在還夾在本子裡。那位讓你永遠懷念，影響你很深，很在意的老師，你保留了他的哪次「教誨」至今呢？

——返校打掃日，你們倆被分配到地下室的廢棄課桌椅儲藏間，潮濕又不透光的空間，怪詭異的氣氛。調皮的他無預警地故意放聲嚇你，你一個驚慌踢到囤放在旁的竹掃把推，裡頭的蟑螂大軍瞬間竄出，你更是慌張，跌進堆積成山的廢棄課桌椅堆中，不知道被哪個破桌腳砸到，膝蓋破了一個小洞。他滿是罪惡感地扶你到保健室，保健室護理人員又剛好不在，因此他決定自行幫你上藥。整個過程你記得一清二楚，因為你一直都偷偷喜歡對方，對於他的白目行徑生氣，又不至於憎恨。傷口好了，但那個掉下的ＯＫ繃，你將它偷偷貼在行事曆中，不敢讓人知道，深怕別人覺得自己很變態。哪個你暗戀的人，替你做了什麼舉動，讓你銘記，讓你臉紅心跳，讓你把當下事件相關的小證物，偷偷地黏在自己的行事曆中呢？

——在班級以四大天王相稱的你們，因為國三會考前自修課變多了，藉由老師進教室的時間變晚的常態，你們在籃球場將上課鐘聲化為烏有。但仍總是有一位成員緊張地提醒應該要回教室了，你們偶爾以「掃興」二字來賞他。明明都躲過老師的點名，為何還是被老師發現而遭到處罰？因此四大天王懷疑有內鬼存在，計畫偷翻那個掃興鬼的聯絡簿，什麼都沒有查到，還是造成裂縫，一整個禮拜都不說話。某天當你們相繼得知籃球男神 Kobe 意外罹難，這消息巨大到讓你們壓根忘記原本的內亂猜疑，反而互相討論起這起比考試還重要的新聞。為了悼念這位精神指標，你們相約悼念封球兩週，也因為 Kobe，你們四個開始有了重新說話的機會，這位掃興鬼表示自己真的沒有告狀，其他三位也為了偷翻聯絡簿一事的猜忌而道歉。四大天王和好的那天，掃興鬼拿出一直準備送給兄弟們的Kobe閃卡，這張閃卡成為你們國三那年破鏡重圓的回憶。

那些曾經出現在生命裡的狐狸或玫瑰，發生過的事件，都會透過某個媒介叫我們想起，可能對於過去發生的細節不是那麼明確，卻依然能透過它們喚醒某些感受，也許是大掃除時翻出的舊照片，過年重返老家看到準備拆除的舊校舍，下班回家時電台播送的一首歌，甚至是樓下冰心滷味攤新推出的五香豆乾……，都會讓你想起一個人，或者想起某段日子的生活步調，對旁人來說不具有任何意義，對你來說，可是一大片金黃色的麥田。音樂本來就是頻率，校舍只是建築物，滷味就是食物，我們的情感賦予它們意義，當我的感官記憶附著在上面，一切就顯得有所不同，它們都將專屬於自己的某一塊——關於自己的過去和現在、成長過的痕跡、讓我們懂事的傷口。

輯九

永遠的尋人啟事：自己

22.

「你好！」小王子說。

「你好！」火車調度員回答。

「你在這裡做什麼？」小王子問。

「我分撥乘客，一千位乘客分成一組，」調度員說，「我派火車把他們運走，有時候向右，有時候向左。」

一列燈火通明的火車，雷鳴般呼嘯而來，把調度室震得直搖晃。

小王子說：「他們那麼匆忙。他們在找什麼？」

「火車司機自己也不知道。」調度員說。

又一列燈火通明的火車，雷鳴般從反方向呼嘯而來。

「他們一下就回來了？」小王子問。

「不是同一批人。」調度員說，「這是對開的火車。」

「他們對自己待的地方不滿意嗎？」

「沒有人滿意自己待的地方。」調度員回答。

第三列燈火通明的火車，又雷鳴般呼嘯而過。

「他們在追趕第一列火車的旅客嗎？」小王子問。

「他們什麼也不追趕。」調度員說，「他們在車上睡覺，要不就打哈欠。只有孩子會把鼻子貼在窗玻璃上看。」

「只有孩子才知道自己在找什麼。」小王子說，「他們會把時間花在一個布娃娃身上，布娃娃就變得很重要，如果有人把布娃娃拿走，他們就會哭……」

「他們很幸運。」調度員說。

第二十三話

沒有數字的夢幻後座

天都還是黑的就被叫醒了，硬拖著沒有睡飽的身體起床刷牙洗臉。最得寵的玩具、娃娃還有喜歡的故事書，在意識模糊的情況下將他們打包背上肩頭，當然少不了小枕頭和小被單跟隨。上車後要繼續補眠的計畫總是失敗，大概會持續清醒一到兩個小時，睡意才會漸漸再現。上車第一件事就是建立自己的後座王國，枕頭與被單鋪好，故事書們要窩在前座的椅背袋，左右腳踏墊都是玩具休憩的地方，越過中間那座山脈，要經過國王允許。我國的糧食與水也都非常充足，供我隨時取用。

一切安頓完成後，我就會貼在車窗上看著凌晨天未亮的高雄市，整條路都沒有車，看著隨著車子移動而無限循環的光影，偶爾留心在車窗上的霧氣，來一點隨機小塗鴨，這時聽到電台播送陶晶瑩《離開我》專輯的〈愛喲〉，當時的我並不理解這首歌的歌詞，但整首歌的曲調讓我非常平靜。接著小睡一下，下次醒來天已亮，車窗外的風景從城市轉為山間，面對的都是綠油油山脈的景象。

不知道為什麼，每次讀到《小王子》火車調度員這篇，腦海都會清晰地浮現這個兒時從高雄坐夜車去花蓮的後座場景。因為繼母的娘家在花蓮，我爸為了避開車潮，所以選在半夜啟程。

那時的我並不因為半夜出發而感到厭煩，反倒喜歡半夜出門的計畫。並不是我喜歡去花蓮，畢竟有關於我繼母的一切，都不是讓我很愉快，你知道的。

我喜歡的是半夜在車上打造自己的王國，這幾個小時的車程，完全被自己打造的國度給滿足，特別有安全感。

那首〈愛喲〉，以及這趟旅程的記憶感受，都在我每次反覆閱讀到這段時，直接地連結喚起。沒什麼大事件，就是很平凡的一段車程，記憶中有種說不上的滿足。

「只有孩子才知道自己在找什麼。」小王子說，「他們會把時間花在一個布娃娃身上，布娃娃就變得很重要，如果有人把布娃娃拿走，他們就會哭……」

小時候我們擁有的不多，選擇也不多，生活周邊有什麼，就地就能玩出些什麼。我們很容易專心或說執著地把玩自己手上的某樣玩意。

房間的一盞夜燈，足以讓宮氏兄妹在房間玩上一個晚上的手影子。麥當勞兒童餐的玩具贈品與玩具反斗城購買的森林家族，可以讓我跟妹妹待上房間一個下午，然後成為世界上產量最高也最沒邏輯的編劇大王。有一大段時期我們兄妹倆瘋狂搜集賣場的商品型錄，再將所有的型錄商品一一剪下來當作自己進的貨，然後再賣給彼此，高雄單日最高交易量的3C商場就在我們的房間，一個下午就有好幾十台電腦與電視在我們手中完成交易。

長大後我們擁有的很多，選擇多，吸引我們的多，干擾我們的更多，擁有了這麼多之後，我們真正要的是什麼？好像反而模糊了。我們眼前的生活是我們真正想要的嗎？似乎搞不清楚了。換了幾份工作，搬了幾個住所，分離了幾任對象，載了幾個交友軟體，嘗試了幾個信仰，接觸了幾種算命卡牌，踏過了幾座城市……。我們是更清楚自己的目標了？還是更找不到目的了呢？

讀到這裡，不知道讀者們對於以上的分享，是否出現一種夢幻到幻滅的感受？好像任何作者在文章或書中，使用詩意的文字描繪童年的美好與成人世界的缺憾來做對比，就能讓讀者在閱讀的心情，從暖暖的橘黃到冷冷的灰藍色。身為這本書的創作人，我也可以這麼做，童真的溫馨開頭，成年的惆悵結尾。但容我在這篇要撕破這一塊憂愁的面紗，然後暴走地嘶吼：

為！什！麼！

這！一！切！超！級！不！公！平！的！

身邊不少喜歡《小王子》的朋友們，或是看過我的演出的觀眾，都常常感嘆說：「對啊！我們都成為一個大人了。」不論透過這本原著或是我的演出，我們好像只能認命接受這個無奈的事實。但不知道有多少成人朋友們在被數字指控：「大人真是奇怪。」的同時，也曾想要對這個金色頭髮的小孩吶喊：「It's easy for you to say! 你要不要自己來當當看大人？」

「如果可以當個小王子，誰想要當奇怪的大人？」

《小王子》整本書從一開始到這裡好像都在不停地宣告我們的血液裡流動著

許多「大人因子」，望著自己的DNA裡的世故，我們卻無能為力，這一切對於所有不能拒絕長大的我們來說有多麼不公平！根本沒有人問過我們到底想不想長大？想不想跟著被社會化？願不願意加入金錢交易的世界？對於紅燈停綠燈行的交通規則滿意嗎？有沒有自己喜歡計算時間的方式？或照著自己的喜好哼唱胡亂旋律，或隨意打出一種聲響來取代自己的名字？我們從出生那一刻，就被迫加入這場巨大的社會遊戲局盤，照著自古以來的遊戲規則，被迫長大，從名字、身分證字號、學校、兵役、就業、貸款……，這班巨型的火車就這樣拼命地把我們往同一個方向推送。

大人的世界要乘載的重量，並不是那個後座的男孩能夠理解的，那趟前往花蓮的深夜旅程當中有多少數字得被計算？油料是否凌晨過後開始漲價？這次回丈人家要不要包點紅包給長輩？這次在花蓮找的住宿要付現還是刷卡？然而這些數字的重量，那位後座的小男孩一公克都分擔不了，在那段輕飄飄的孩童時期，後座的世界理所當然的夢幻。

「他們很幸運。」調度員說。

是啊，我不再是一個孩子了，也不可能再是。現在的車程我早已從寬敞的後座移到左前方駕駛座，我不再因為旅途車程感到興奮，不再好奇地朝窗外東張西望，不再為自己的座位打造任何可能，只要能在車上打盹，有水和零食，手機有地方充電，那就足夠了。在這一話中，我突然覺得聖修伯里似乎替我們這些不能拒絕長大的人說了那麼一點什麼。當聖修伯里讓火車調度員吐出：「他們（孩子）很幸運。」一時，好像聽到他對我們說：「成為一位大人，也是很辛苦。」

你我無法拒絕自己的「長大」。讀完這篇也不能停止我們繼續為人生的下一站迷惘，或讓我們重返回到貼在玻璃窗上滿心好奇的時光。那我們還能做什麼呢？也許我們什麼也不用做，就這樣地告訴自己，好好的，繼續下去。

聖修伯里在書中用了他的篇章安慰了我，我也希望我的篇章，能對正在看書的你說：「辛苦了，當一位大人是很不容易的，也許我們都曾經在某刻變得奇怪或可笑，但我們可是很努力地走到今天。請不要被接下來的未知擊退，因為我們從受精的那一刻，就已經獲勝了。」

我們每個人不得不長大，可怕的是，長大之後還得面臨一輩子的「不得不」。

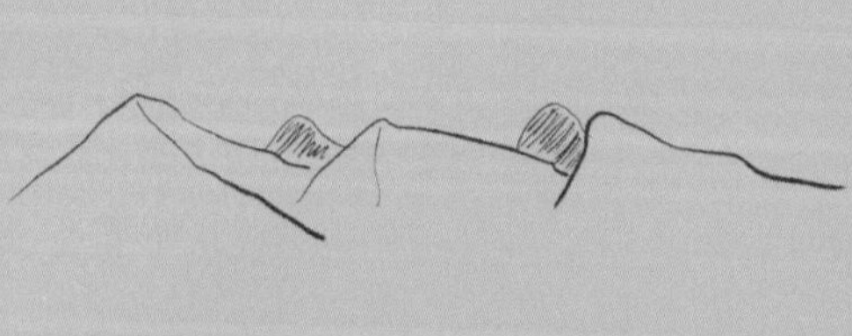

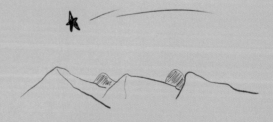

23.

「你好！」小王子說。

「你好！」小販回答。

這是一個賣解渴特效藥的小販。每星期吞下一顆，就可以不必再喝水。

「你爲什麼要賣這種藥？」小王子問。

「可以大大節省時間啊。」小販說，「專家做過統計，每星期可以省下五十三分鐘。」

「這五十三分鐘拿來做什麼呢？」

「想做什麼就做什麼呀……」

「如果是我……」小王子心裡想，「如果我多出五十三分鐘，我就悠閒地走向一座噴泉……」

第二十四話

打開感官，好好生活

這是一個極度方便又快速的時代，很多產品的設計，科技的發展，都在瞄準同樣的訴求，省力、省時。

從傳統掃具到掃地機器人，我們大約省下十五分鐘。

訊息傳遞從上個時代的三天郵寄平信，到現ＬＩＮＥ的即時通訊，我們每傳一封消息大約省下七十二小時。

臺北到高雄的交通，從步行到高鐵，我們大約省下將近十四天。

每天三十分鐘的有氧運動，到每天一杯減肥茶，我們大約省去三個月的運動時間，也就是省了二千七百分鐘。

連腹肌跟胸肌都可以靠醫美打造，省下的健身時間，在此不予計算。

那省下來這麼多時間，對我們有什麼好處呢？

「更輕鬆囉！」

「做自己想做的事啊！」

「處理更重要的事呀！」

「有更多時間可以運用。」

那麼這些時間，我們到底拿去幹嘛呢？真的處理了更重要的事嗎？

「如果我多出五十三分鐘，我就悠閒地走向一座噴泉……」

面對這樣的回覆，我想不論是賣藥商人還是我們，肯定會笑出來。好不容易省下五十三分鐘不用喝水的時間，還要再拿這省下來的時間去喝水？瘋了嗎？誰會願意拿省下來的時間，去執行耗更多時間才能完成的事？

有了LINE的我們，多少人還願意花時間再親手寫封信蓋上郵戳寄出？有了高鐵的我們，多少人還想徒步來回北高？有了掃地機器人的我們，多少人還願意捲起袖子再用掃把掃過家裡一回？

地球上的我們會說：「小王子肯定是瘋了！」

那這金色頭髮的男孩到底在想什麼？

活在這個資訊科技大爆炸的年代，有時候我覺得很幸運，有生之年活在此刻，讓我有機會體驗眾多酷炫的科技，能夠更有效率地處理生活瑣事，更廣泛地接觸世界。相對地，我們對於生活的感受力，是更高？還是更低？

在悠閒的假日午後，在咖啡店坐下後的你，打開LINE就可以在十分鐘內同時和幾個不同的群組講幹話，接下來十分鐘被ＩＧ裡頭的照片與限時動態占領，剛好看到喜愛的Youtuber發布最新的影片，又抓住你十五分鐘的目光，再反覆無意義地滑個臉書五分鐘，還不忘打開修圖軟體，細心排版剛剛在咖啡店門口拍的美照，最後得打開幾個固定簽到的手遊抽個寶箱或收成果實……，一個小時就這樣過去了，光是掌中這台手機，就足以讓眼前那杯香氣十足的熱拿鐵進化成常溫牛奶混合咖啡豆汁。

來到奔波的週一早晨上班人生，早上送小孩上學後，進公司前還得跑一趟郵局，寄出拖了兩個月、直到昨天才發現就快要到期的重要文件。在郵局等待叫號的同時先去旁邊連鎖超商點杯熱美式再買份早餐，回到郵局，ＬＩＮＥ的訊息湧入今天的工作事項，卻因為忙著回覆工作訊息忽略了櫃檯叫號，因此被後面的人搶先處理郵政業務，你看著對方一一寄出他的網拍商品，速度慢到讓你盯著手錶冒冷汗。好不容易輪到你時，郵務專員說你要填寫大宗才能辦理，抄寫所有郵件的郵寄資訊到手都要斷的同時，還得不時張望外頭違規停放的車輛旁有沒有警察出沒，最後，遲到，早餐配著一張罰單。

以上兩個虛構場景，不論是悠閒還是緊繃，共同點是，在一個小時之內我們會接觸的資訊，要處理的事情，變得比上個世紀來得更多。在這高速時代下，我們還有什麼機會去感受生活？長時間下來，我們對於周遭發生的細節並不在乎，或者不是我們不在乎，而是我們沒機會去覺察，因此失去生活中的覺察力。

在大學表演訓練的過程中，老師給過最經典的筆記就是：

「打開感官，好好生活，絕對有助於你成為一個表演者。」

先別急著覺得「喔？我不是表演工作人，我沒有唸過表演，那這篇與我無關囉！」對我而言，打開感官，好好生活，絕對有助於任何人成為一個更好的人。

當我們能夠對生活有感，訓練覺察力，肯定能夠學習到那些父母、師長、軟硬體教材都沒教過我們的事，我們能練就成為一個自主學習體，透過生活就能自動更新自己的軟體，而不導致機型逐漸老舊，軟體的問題無法修正，然後一路僵化到死亡。

問題就在於，身處在這個高速時代下的我們，還有多少時間分配給生活？弔詭的是，明明每天、每季、每年都有一堆像是「解渴藥」科技產品問世，讓我們省下比五十三分鐘更多的時間，但人們怎麼還是常常感到沒有時間？

活得越快速，我們反而更忙碌。

以前曾跟學生在課堂戲謔地說：「有沒有覺得以前的詩人很討厭，整天沒事做，就在湖畔坐一整天，看了幾片落葉掉落，隨手提筆，感嘆地寫下幾行詩句。因為這些閒閒沒事的人，任意地看鳥、看山、看海然後隱居山林寫下一堆東西，害得我們現在背得要死要活，還要考試！」

說到這，通常會得到學生高度認同的呼聲。

我接著說：「但會不會就是因為他們的時空背景下，有機會利用時間去感受生活，從細節領悟到生命的哲學和道理，才能從生活中提煉出這麼多的智慧給我們？

會不會就是因為那些寺廟中的修行人，每天得清掃落葉，跪地擦拭大堂，打水挑柴，日復一日年復一年的操練，讓他們能與後人分享他們從生活中悟出的哲理。要是那些古代詩人面對的科技產品也同現在這般發達，不知道現在留給我們的經典或是哲理到底會是如何呢？

以前的人並不會想花時間徒步環島，因為徒步本來就是他們僅有的交通方式。現在有這麼多便利省時的交通方式，為什麼還有人要花時間去徒步或是單車環島？這些人把高鐵來回三個小時的時間拉長至三十天，這一個月的旅程他們得到了多少？體會到哪些？思考了什麼呢？我相信在高鐵上飛梭的我們是不能夠明白的。

活在這個註定被「解渴藥」包圍的世代，我們無法像古代詩人一樣，空出一個品嚐夕陽的午後，也沒有隱居深山的時間。連旅行的意義只剩下拍張美照踩點打卡，或是選購紀念商品，接著趕往下一個行程，幾乎沒有時間在一個地點停留，好好感受一座城市或一片景緻。

幾年前，我去宜蘭參加童玩節，當天我前往便利商店買水，由於觀光人潮多，排隊結帳的人也多，我在隊伍中等候結帳，習慣性地滑一下手機，然後將手機收入口袋。接著我把注意力放到隊伍最前面等候結帳的男子，我看到一個畫面：

店員向男子報了結帳的金額，利用男子掏錢的空擋，他轉身將上一個客人點的咖啡闔蓋、套隔熱紙板、黏貼膠帶，處理完一杯咖啡所有的後續動作。在這同時，男子早已經把百鈔伸向店員，正在打理咖啡的店員並沒有立即意會到，因而讓他拿著鈔票的手滯空了幾秒，只見這名男子一邊講電話一邊抖動手中的鈔票，示意「拿去！拿去！」店員完成咖啡轉身過來，迎面的是那張晃來晃去的紙鈔，他接過百鈔後完成結帳。

那個畫面讓我想起以前在電影院和便利商店打工的時光，有時候心情會隨著客人付錢的方式而受到影響。付錢的方式百百種，有人會習慣性地亂塞紙鈔，一坨皺皺的紙團就放上櫃檯，店員要自行將它攤開，有的人一把零錢撒在櫃檯交給店員清點，有的人用千元大鈔買零食要找開，會直覺性地給店員一句：「不好意思。」有的人全部都用零錢來結帳會和店員說聲：「再麻煩你點一下。」有的人則會雙手遞上信用卡或是紙鈔。然而，我完全沒有意識過，自己是哪一種付錢方式，一點印象都沒有。

我高中在影城打工時，每每段考結束就會湧入大批的學生潮來看電影，那年強檔的《哈利波特》上映，學生們傾巢而出，幾乎都是為了額頭有疤的男孩而來。

我：「你好，要看什麼電影？」

學生：「我們要十張，XX點XX分的《哈利波特》。」

我：「兩千三。」

學生：「那一個人是多少？」

我：「兩百三。」

（這位同學的數學段考成績在那一刻已經出爐了）

學生轉向後方跟夥伴們說：「欸！一人兩百三啦！」

接著這十位學生像是繳會費一樣，輪流上前丟下百鈔跟銅板就走，最後一位同學來放錢的時候，這堆鈔票已經堆出一個小小的山丘在櫃台上，凌亂且具有藝術美感。

我接著問：「所以現在是要放一把火把它們燒掉嗎？」

他們趕緊把鈔票整理好交給我，還好這些學生有慧根，不然那十張電影票我也會用撒的給他們，多麼美的畫面。

其實根本沒有什麼特定的禮節規定付錢一定得怎麼付，我的教育養成裡也沒有人跟我提過這點，基本上只要不是把錢砸在別人臉上這種誇張行徑，我們想怎麼付錢，其實都可以。但有時候任意一個小動作，都能讓店員感到被尊重或是被輕蔑，也許一個小小的留心，都能帶給彼此一個美好的結帳經驗。很多時候，我們並不是沒禮貌或是看不起別人，只是根本沒有意識到這些細節，會給別人什麼樣的感覺。既沒偷也沒搶，付了錢就離開商店，所有的發生如往常般自然，但當我們放慢腳步去意識生活每件小事，也許光是喝口水也能得到從來沒有人教過自己的道理。

付錢也可以是一種待人處世的修養。面對眼前這位幫我們服務的店員，沒有什麼理所當然的事，沒有誰尊誰卑，他就是在此協助我買到我需要的商品的人，要是沒有他，我連水都買不了。從這個小環節對應到大事情上，肯定還有很多相通之處。

假如那天我繼續滑手機，沒留心周遭的任何事，輪到我結帳，付了錢我就走人。我的生活並不為此大好或大壞。但我就錯失了生活對我喊話的機會。

如今，付帳的「解渴藥」普遍了，行動支付省去我們找錢與收發票的時間，確實便利。儘管未來貨幣交易可能會被數位取代，我仍會感激那個曾經需要排隊貨幣交易的年代，感激曾經有那麼一個時刻，自己留神那位揮舞鈔票的男士，他的一個小動作，提醒我從來沒人告訴我的事，關乎於生活給我的。

於是，我的表演課中又添一份關於生活的作業：「請利用某個空檔，在公園、賣場、公車、街上……，停留至少十五分鐘的時間，觀察週遭的人事物，並記錄下來。」

這是一個近乎失速的年代，我們過著忙碌的生活，或說，盲路的生活。我們充其量只是在生存，而非生活。

不知道在未來十年、二十年，還會省下多少時間，還有多快的步調要過，但願我們都能夠像那位金髮男孩一樣地對自己說：「要是我有五十三分鐘空閒的時間，我要從從容容地好好生活。」

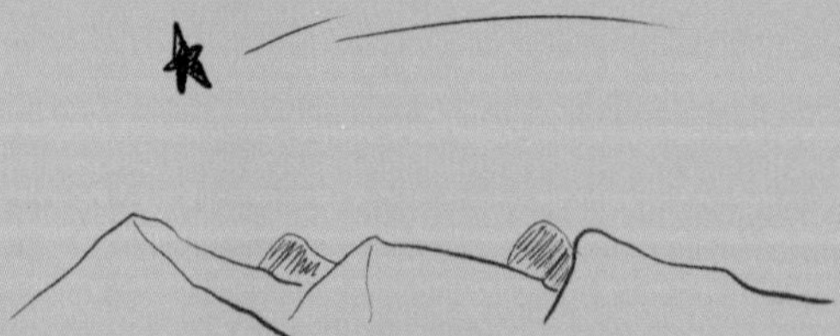

24.

這是我的飛機在沙漠裡發生故障的第八天，聽小王子說完小販的故事，我帶著的最後一滴水也喝光了。

我對小王子說：「啊，你的回憶很迷人，但我還沒有修好飛機，我沒水了，如果我也能悠閒地走向一座噴泉，我會很幸福！」

「我的朋友狐狸……」他對我說。

「我的小人兒，這跟狐狸沒關係！」

「爲什麼？」

「因爲我們會渴死的……」

他不明白我的說法。他回答我：

「一個人就算快要死了，有一個朋友也是好的。像我，我就很高興有一個狐狸朋友……」

我心裡想：「他沒有意識到危險。他從來不會餓，也不會渴。只要一點陽光，他就滿足了……」

他望著我，說出了我心裡的想法：「我也渴了……我們去找一口井吧……」

我疲倦地揮了揮手：這很荒謬，在這廣袤的沙漠裡，漫無目標，去找一口井。但我們還是動身了。

我們默默走了好幾個鐘頭，夜降臨了，星星開始閃爍。我望著星星，像做夢一樣。因爲口渴，我有點發燒。小王子的話在我的腦子裡跳舞。

「你也渴嗎？」我問他。

他沒有回答我的問題。他只是告訴我：「水對心靈也是有益處的……」

我不明白他的回答，但沒再開口……我很淸楚，不應該再問他了。

他累了。他坐下來。我也在他身邊坐下。一陣沉默過後，他說：

「星星眞美，因爲有一朵我們看不見的花……」

「是的。」我回答，然後無言地望著月光下沙丘的曲線。

「沙漠也很美。」他補了一句。

這是眞的。我一直喜歡沙漠。坐在一座沙丘上，什麼也看不見、什麼也聽不到。但是，寂靜之中，卻有什麼東西在發光……

「沙漠之所以很美，」小王子說，「是因爲它藏著一口井……」

我這才明白過來，突然理解沙漠裡的神祕之光了。還是個小男孩的時候，我住過一棟老房子，傳說裡面埋著一個寶藏。當然，沒有一個人知道寶藏在哪裡，甚至也許從來沒有人去找過。寶藏的傳說，讓整座房子充滿魔力。在房子的內心深處，藏著一個祕密……

「對，」我告訴小王子，「不管是房子、星星，還是沙漠，那種美的東西是看不見的！」

「我很高興，」他說，「你和我的狐狸朋友想的一樣。」

小王子睡著了，我把他抱在懷裡，繼續趕路。我很感動。我好像抱著一個脆弱的寶貝。我甚至覺得，地球上再沒有比他更脆弱的東西了。藉著月光，我看著他蒼白的額頭、閉著的眼睛和風中顫動的一絲絲頭髮，我告訴自己：「我看見的只是一個身體。最重要的東西是看不見的……」

他微微開啓嘴唇，露出了微笑。我又告訴自己：「睡著的小王子最讓我

感動的，是他對一朵花的忠誠，是玫瑰的形象在他身上發光，像一盞燈的火焰，甚至在他睡著時……」我覺得他變得更加脆弱了。一定要保護好這些燈：一陣風就可能把它們吹滅……

就這樣走著，天亮時，我發現了一口井。

第二十五話

起身去找井吧！

在面對一些訪談或者演後座談時，很常被問起：「是什麼時候確定自己的人生方向？」

什麼時候開始想當演員？早已印象模糊。只記得國中第一次參加歌手的簽唱會時，當下的撼動感滿大的，覺得舞台上的位置似乎是個夢幻所在，從那刻起對於表演這份工作有了初步的想像。後來高中接觸影劇科，大學接著念讀表演藝術系，對於表演的目標好像也就逐漸明確。

「念這個以後要幹嘛？」

「演戲不能當飯吃吧？」

「演戲能賺多少錢？」

「能熬出頭的演員也沒幾個。」

「當興趣就好，還是要有正常的工作。」

對於許多念表演相關科系的人來說，求學這條路上，這些台詞並不陌生。其實大人這些分析是很實際的。論人脈、資源、家世、長相，我的手中沒有一張好牌能出，那到底要拿出什麼去跟人競爭？畢業在即，面臨種種的未知，沒有解答也沒有方法，但我並不害怕，我相信只要努力，就能找到機會的。

還記得在大四畢業前夕，所有畢業生都要到導師研究室進行一對一的面談，當班導問道：「畢業後要幹嘛？」我說：「演戲呀！」老師並沒有接話，她一抹神秘的微笑，已經跟我說了好多話。

我當時什麼都沒想，總覺得船到橋頭自然直，對於出社會後的生活並不感到焦慮。幸運的是，還有十一個月的兵役可以讓我不用立即面對現實。

退役後正式步入社會。實際踏上演員這條路還真不容易，關於徵選和試鏡的消息，我完全沒有門路與管道，更何況我是第一屆畢業生，也沒有任何在業界的學長姐的前車之鑑可參照。

網路，是我唯一的希望。不過業界大部分的演出機會，都會直接流通給有合作過的夥伴，或那些有名氣的人，有人脈關係的人，公開徵選的機會並不是很多。天真的我，打算毛遂自薦，拿起手機就在家裡客廳錄製影片，連同履歷寄給各大劇團和製作／經紀公司。反正我就是胡亂嘗試，結局也都是石沉大海，這個結局並不讓我意外，不過有試總有機會，即便渺茫也要試試看。

當然也不是說完全沒戲可演。身邊的老師和朋友有製作，偶爾會找我演出，不過演完了一檔戲，下一檔戲在哪裡呢？光靠演出的費用是不足以支撐生活的。所以我得接各種打工來養活自己。幫忙剪個影片或是製作一些戲偶道具賺點外快，過年期間還會回到高中打工的電影院賺取雙倍時薪。

偶爾還有一些友人提供我廣告試鏡的機會。為了把握這些機會，每每都得要起個大早，在天還沒有亮的時候去搭客運，坐四到五個小時的車到臺北，就是為了得到被Casting（選角人員）試到戲的機會，然後再以相同的車程時間回到高雄。常常在試鏡現場看到那些外在條件比自己好的競爭者，或是有些小有名氣的人、有人脈介紹的人，大概就會知道自己機會渺茫。儘管如此，我還是願意用一天的時間來回北高，交換那短短珍貴的幾分鐘。

試鏡的結果非常一致，通通沒上。

被拒絕的次數日積月累，肯定會自我懷疑，尤其在夜深人靜倍加感性的時刻，滑到臉書動態誰得到什麼好的工作機會，或是出國唸書有不錯的收穫，這時「月經」可能就來了。

「我的條件是不是不適合？」

「我是不是很差勁？」

「我會不會一把年紀都還是這樣子有一餐沒一頓的生活？」

「如果自己再高一點，更帥一些，會不會這條路會走得順遂一點？」

儘管面對千萬次的拒絕，和常常見底的戶頭數字，我也沒有動過放棄的念頭。

二〇一三年的夏天，出社會闖蕩將近一年。當時手邊的演出工作跟打工都要結束了，正當我苦惱下一個經濟來源時，剛好得知高雄某所國中在招表演藝術代課老師。很順利地，我得到了一年份的工作機會，也就是說我暫時不用擔心生活費的問題。

第一年的教學生活算是快樂，但我很清楚知道自己志不在教學，心中仍對表演抱有熱忱。於是我告訴自己，這一年就先好好存錢，存夠錢再去做想做的事。

人好奇妙，似乎年紀越大，膽量越小。本來跟自己說好只教一年的書，竟然一連教了三年。每每到了下學期末，就開始擔憂接下來的工作在哪裡？是否又要回到沒有穩定收入的生活？不自覺地又開始上教育局的教師徵選網站看看是否還有學校缺老師。但戶頭裡明明就有一筆比剛出社會時還要多的數字可以去追夢，怎麼反倒卻步了？

這才意識到自己不知不覺在舒適圈安逸了。在教學環境中，我不需要天天被選擇、比較或淘汰。反觀那些每天等待機會，等候被挑選的日子，心境天壤地別。慢慢地，當我收到新的試鏡或徵選機會時，反而開始告訴自己：

「比我條件好的人有這麼多……」

「會開海選一定是宣傳噱頭，演員早就內定了！」

「反正我又不會被選上，幹嘛坐車去浪費時間浪費錢？」

要說我認清現實也行，論我自暴自棄也罷，反正面對相同的機會，我就是退縮了。

他望著我，說出了我心裡的想法：「我也渴了……我們去找一口井吧……」

我疲倦地揮了揮手：這很荒謬，在這廣袤的沙漠裡，漫無目標，去找一口井。

但我們還是動身了。

《小王子》的故事讀到此，一個瞬間，當頭棒喝！我發現自己從一位面對沙漠毫不疑惑的小王子，成為那個對於要在沙漠找井感到荒謬的飛行員。

我們來試著幻想，自己被困在沙漠裡足足一週，手邊僅有的水與食物已經用盡。那麼你會選擇留在原地等待？還是主動去找下一個可能？

沙漠要尋獲井的機率有多低？起身去找井的風險有多高？可能會遇到流沙而萬劫不復，持續在豔陽下行走會脫水，夜間沒有飛機可以藏匿可能會失溫，要是迷路了，回不到本來的地方怎麼辦？

不論起身或是停留，都將耗盡生命，那你選擇哪一個？

在我成長的路途上，周遭的大人好幾次端著沙漠模型到我眼前，警告走上沙漠會渴死、會餓死，我如同那位金色頭髮的男孩一樣，不畏懼眼前的沙漠，清楚自己的需求，什麼都不去想，然後直接去做。怎麼出社會的我反而變了？

書中的小王子說「我也渴了……我們去找一口井吧……」那種渴望好單純，

口渴了，所以找水喝，一切是那麼地自然。當生命的渴望燃起，就去滿足自己，小到吃飯、睡覺、喝水、購物，大到求學、追夢、打造理想生活等。

很多時候我們有先例可以參照如何做，但有時候眼前就只有一望無際的沙漠，我們只有目標卻沒有方向，憑著信心跟勇氣，究竟可以走多久？這個小傢伙說得好像知道要上哪找一樣，其實一點頭緒都沒有。說他天真也好，笑他愚蠢也罷，他就是相信沙漠會找到井，至於過程的種種未知，似乎都不足以與他為敵。或許飛行員會對小王子說：「你把一切想得太簡單了。」或許小王子會回飛行員說：「是你把一切想得太複雜了。」

To be or not to be，that is the question. —— Shakespeare

接下來我想分享曾經出現在我生命中的兩位友人，堅持自己那口井的朋友。

我有一位高中同學，身高不高，長得很可愛，笑聲很豪邁。高中時期我們交情還算挺好的，畢業後，因為求學環境不同，比較少聯絡。記得我大學剛畢業時，在臉書收到一則她的訊息，她貼了幾支 Youtube 影片連結給我，希望我能多多支持。其實在這之前，我就有注意到她那陣子開始拍一些有趣的影片放在網路上。我問她最近在幹嘛？她表示自己和要好的幾個大學朋友一起拍影片，她們希望透過影片得到關注，未來也許能夠有一些好的演出機會。聽完同學的創業理想，當下我是力挺分享。

據我所知，起初她拍影片並沒有為她帶來實際上的收入，高中時期曾經和她一同在電影院打工，到了臺北她仍在影城打工來支撐生活所需。所謂萬事起頭難，面對生活壓力的同時還要堅持創作，我相信她們會遇到的考驗和挑戰，很難一一道盡。其中也包含身邊的親友到底是支持她？還是曾經勸退她，希望她找份穩定收入的工作？然而，面對自己喜歡的事情，她們沒有放棄，就這麼堅持著，一拍拍了將近十年。如今，她們的頻道擁有三百二十萬人訂閱，也不再需要由我一人來幫忙分享影片增加觸及率，因為全臺灣有很多人都在分享她們的影音創作，以上所提到的這群人，正是各位所熟悉的「這群人」。

這個團體裡頭哪個女生長得可愛，笑聲豪邁呢？

鄭茵聲。

恭喜茵聲，她找到她渴望的那口井了！她們成功地讓自己喜歡的事情成為工作，表演不再是無法維持生活的興趣。後續她接了電影也拍了電視劇，也在去年發行個人首張數位專輯，成為家喻戶曉的自然系女孩。

如果她放棄了呢？如果在拍到第三年她就決定去找一份固定工作，去上班了呢？她會滿意自己現在的生活或工作嗎？

第二位是我當兵時期的夥伴，劉冠廷。退伍之後我們同樣從事教職，他教體育，我教表演。就我所知，任教的日子中，他並沒有停止尋找演出機會。他持續的試鏡，等待機會，拍了幾支廣告和ＭＶ，有一些不錯的作品累積。就在任教第三年，他徵選上由臺灣知名導演王小棣老師領軍另外七位優秀的導演們開創的Q Place演員培訓計畫，因此加入了植劇場一系列的臺劇拍攝，參演了《花甲男孩轉大人》而受到各界肯定，因著這部作品，他入圍並獲得第五十三屆金鐘獎最佳男配角，隔一年也因為電影《陽光普照》入圍金馬，拿下第五十六屆金馬獎最佳男配角。

如果他曾經放棄演戲的夢想，如今影壇就少了一顆明星。

至於我呢？

教書的日子並不痛苦，學生們很可愛，同事們很友善，但這是我真正渴望的嗎？看著身邊許多持續為渴望而奮力的朋友們，再回望那個有數字、有水喝、又安穩的辦公座位，心中對於生活還有多少熱情呢？四十歲那年，在辦公室改考卷的我會後悔嗎？

會！我會後悔！於是，我離開了教學領域。二〇一六年起，回到一個沒有固定薪水的自由演員身份，繼續在我的領域中努力。儘管徵選和試鏡仍然不是次次如意，但還是看到自己一點一點地在前進。能夠以自己喜歡的事情成為工作，真的是很幸福的事。

電影《玩具總動員４》中，胡迪對巴斯說如果他放棄守護邦尼，他內心的聲音不會放過他，巴斯反問你內心的聲音是誰？胡迪說：「是我，我的意識，告訴你心中想法的聲音，真正的想法。」巴斯誤以為胡迪指的是玩具本體內的揚聲器。

「在未知的宇宙中有個秘密任務，出發！」

「沒有時間解釋了，出擊！」

因此在巴斯光年在面臨每一次的抉擇關頭，不知下一步該何去何從時，就會按下左胸的按鈕聆聽自己的聲音（內建揚聲語音）。

不論大家喜不喜歡電影的結尾，我們都看到了胡迪最後放棄他原本的生活，照著自己內心的想法走。巴斯和玩具們則是懷抱著祝福送走胡迪與寶貝。巴斯與玩具們的留下，不代表它們不勇敢。我認為他們是誠實地面對自己每一個當下所處。現在的生活是不是真正自己想要的，只有你自己知道，你有沒有誠實聆聽內心的聲音？

所以，並不是說每個人都要有轟轟烈烈地追夢人生，或一定要選個餓肚子的工作才顯得生命有意義。每個人都會有適合自己的一口井。安穩的辦公室生活，有房有車有家庭也可以是種夢想。只要我們知道什麼樣的日子是自己想要的，那就捲起袖管打造它。若是上路後才發現不是自己所要的，那又如何？生命自有出口，不要到臨末才後悔自己從未上路過。

你呢？你的渴望是什麼？不論什麼選擇哪一條路，都請為自己的選擇負責。

從踏入社會後，我告訴自己，選擇表演的路可能不賺錢，那麼要對自己選的路負責，不該再向家人伸手要錢。所以曾經再怎麼辛苦，我也沒有跟爸媽再開口過，他們供我到大學畢業後，剩下的路我要自己完成。如今我的演出工作從原本不能支撐我的生活，到我可以靠表演來養活自己，那麼當我再面對到「表演不能當飯吃」的這句話時，我覺得並沒有這麼絕對。

找井的路上有任何不對勁，那麼學學巴斯，按下自己胸口的按鍵，聽聽內建的擴音器吧！

老實說，我也不知道四十歲的我會是如何，我仍然在沙漠前進。離開教學生活已經進入到第四年，這四年遇到一些支持我的朋友，遇到給我機會的劇團、導演與製片，參演到很多很棒的作品（劇場／影視），今年還意外碰到一位賞識自己的伯樂，以及看好我的兩位編輯協助我出書，我甚至沒想到我能出書分享自己的故事。相當感激這四年來所有的意料之外來到我生命裡支持我的每位。假如我還在導師辦公室守著我的月薪，我就無法經歷這所有的一切。這趟沒有固定薪水的冒險，很刺激，也值得。

我還在這條找井的路上，仍繼續探索沙漠中的未知，願我們都能熬過每個黑夜，在破曉時分找到屬於自己的那口井。

千萬不要讓沒有走過這條路的人
去跟你說：「此路不通。」

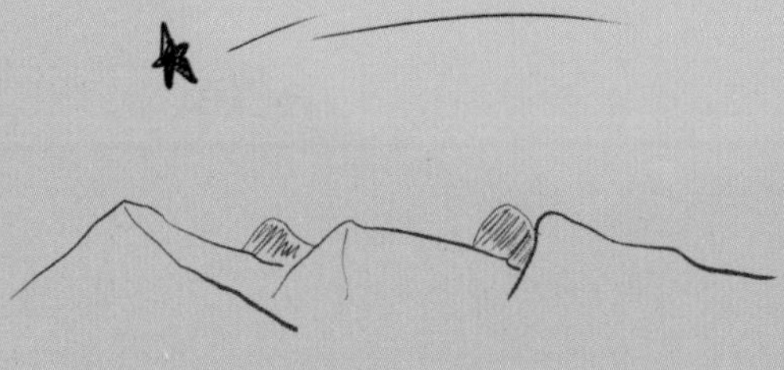

25.

小王子說：「大家只顧擠進車裡，卻不知道在尋找什麼。所以，他們手忙腳亂，原地打轉……」

他又加了一句：「何必呢……」

我們找到的那口井，不像撒哈拉沙漠的那種井。那種井就是在沙地裡挖一個洞。我們這口井，像村子裡的井。但附近沒有村莊，我還以爲是在做夢。

「好奇怪，」我對小王子說，「一切都是現成的：滑輪、水桶和井繩……」

他笑了，碰了碰繩子，轉起滑輪來。滑輪嘎吱嘎吱響起來，像一隻老舊的風信雞，被從沉睡中醒來的風搖響。

他笑了，碰了碰繩子，轉起滑輪來。

小王子說：「你聽，我們喚醒了這口井，它在唱歌呢……」

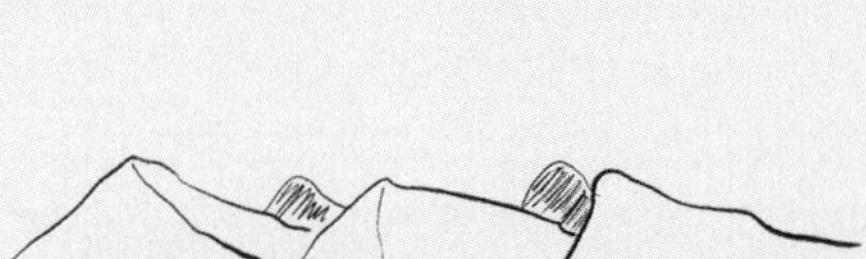

我不想讓他太費力。

「讓我來！」我對他說，「這工作對你來說太粗重了。」

緩緩地，我把水桶拉到井邊。我讓水桶在井邊立穩。滑輪的歌聲還在耳畔迴響，在依然顫抖的水面上，我看見了顫動的太陽。

「我好想喝這水，」小王子說，「給我喝一點……」

我這才明白，他一直在尋找的東西！

我把水桶湊到他的唇邊。他閉起眼睛，喝水。水眞甜，甜得像一個節日。這水跟食物可不一樣。它誕生於我們星空下的跋涉、滑輪的歌唱和手臂的努力。這水對心靈有益處，像一份禮物。小時候，聖誕樹的燈光、子夜彌撒的音樂、甜美的微笑，讓我收到的聖誕禮物發出光來。

小王子說：「你們這裡的人，在一座花園裡種了五千朵玫瑰……他們在裡面卻找不到自己想要的東西……」

「他們沒有找到。」我回答。

「但他們要找的東西，在一朵玫瑰或一點點水裡，就能找到……」

「沒錯。」我回答。

小王子接著說：「不過，眼睛是盲目的。要用心去尋找。」

我喝了水，呼吸順暢多了。黎明時，沙漠有著蜂蜜的色調。這種蜂蜜的色調，讓我非常開心。但我爲什麼覺得難過呢……

「你得信守你的諾言。」小王子在我的身邊坐下，輕聲對我說。

「什麼諾言？」

「你知道……你要幫我的綿羊畫一個嘴套……我要對那朵花負責任的！」

我從口袋裡掏出我的草圖。小王子看到了，笑著說：

「你畫的巴歐巴樹，有點像捲心菜……」

「啊！」

我對自己畫的巴歐巴樹還挺滿意呢！

「你畫的狐狸……那兩隻耳朵……像兩隻角……耳朵也太長了！」他又笑了。

我說：「小人兒，你這樣說不公平，我本來就只會畫肚子關著的大蟒蛇和肚子開著的大蟒蛇啊。」

「喔！沒關係，」他說，「小孩子都看得懂。」

於是我用鉛筆畫了一個嘴套。把畫給他的時候，我心裡很難受。

「你是不是有我不知道的打算……」

他沒回答我的問題。他說：「你知道，我落到地球上……到明天就一周年了……」

沉默了一會兒，他又說：「我就落在這附近……」

他的臉紅了。

不知道爲什麼，我感到一種異樣的憂傷。我突然想到了一個問題。

「這麼說，八天前，我遇到你的那個早上，你獨自在這千里之外、荒無人煙的地方漫步，不是偶然啊！你是想回到你降落的地方？」

小王子的臉又紅了。

猶豫了一下，我又問：「是因爲一周年的原因……」

小王子的臉再次紅了起來。

他從來不回答問題，可是，一個人臉紅，不就等於在說「是」嗎？

「啊！」我對他說，「我怕……」

他卻這樣回答：「你現在該工作了。你應該回到你的飛機那裡去。我在這裡等你。你明晚再回來……」

但我還是放心不下。我想起了那隻狐狸。如果我們被馴養了，我們可能會掉眼淚的……

26.

在那口井的旁邊，有一堵廢棄的舊石牆。第二天晚上，忙完工作，我又回來。我遠遠地看到，我的小王子坐在石牆上，雙腿懸在空中。我聽見他在說話：「你不記得了？」他說，「這個地點不完全對！」

有一個聲音在回應他，因爲他反駁說：「是啦！是啦！日子是對的，但地點不是這裡……」

我繼續往石牆走去。我沒看到其他人，也沒聽見其他聲音。然而，小王子又回應說：「……當然，你會看到我在沙上的腳印。你就在那裡等我吧。晚上我會去那裡。」

離牆只有二十公尺，但我什麼也沒看到。

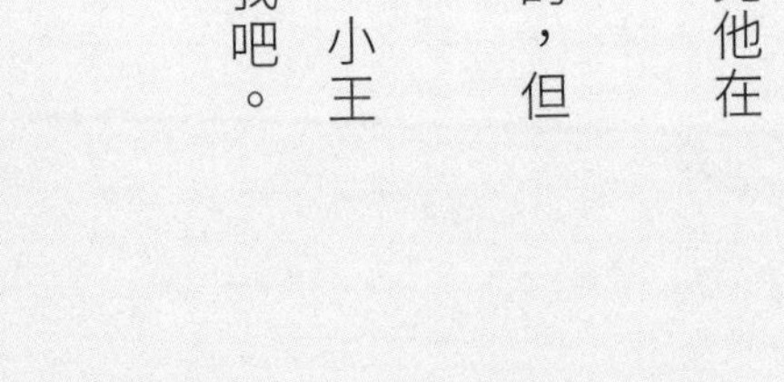

沉默了一會兒，小王子又說：「你有好的毒液嗎？你確定不會讓我太難受吧？」

我停下腳步，心頭一緊，但我仍然不明白。

「現在，你走吧，」他說，「我要下去了！」

我垂下眼，往牆腳一看，嚇了一跳！一條黃蛇，正昂首立在小王子面前！這種蛇的毒液，三十秒就能致人於死。我開始往前跑，同時摸口袋，想把手槍掏出來。不過，一聽見我的聲音，那條蛇就輕輕地沒入沙裡，像一道落下的水柱，牠不慌不忙，鑽進石頭的縫隙，發出輕微的金屬聲。

我跑到牆邊，趕緊把我的小人兒接到懷裡，他的臉蒼白得像雪。

「這是怎麼回事？你在跟蛇說話！」

我鬆開他一直戴著的金黃色圍巾。我用水沾溼他的太陽穴，讓他喝了點水。現在，我不敢再問他任何問題了。他臉色凝重，望著我，雙臂摟著我的脖子。我感覺他的心跳就像被槍擊中、瀕臨死亡的小鳥。

他對我說：「現在，你走吧，我要下去了！」

「我很高興，你找出了引擎的問題，你快可以回家了……」

「你怎麼知道！」

我正想告訴他，在幾乎絕望的情況下，我終於修好了飛機。

他沒有回答我的問題。他接著說：「我也一樣，今天我要回家了……」

然後，他傷感地說：

「那要遠得多……也難得多……」

我感到非同尋常的事情正在發生。我像抱嬰兒那樣把他緊緊抱在懷裡，他好像筆直地墜向一個無底的深淵，我根本挽留不住……

他目光嚴肅，迷失在很遠的地方。

「我有你畫的綿羊。我有裝綿羊的箱子。我還有嘴套……」

他的微笑充滿憂傷。

我等了很久。我感覺他的身子正慢慢暖和過來。

「小人兒，你受到驚嚇了……」

他當然受到了驚嚇！他卻輕輕地笑了。

「今天晚上，我會更害怕……」

那種無法挽回的感覺，讓我再次感到全身發冷。我明白，我無法忍受這

個念頭：再也聽不見他的笑聲。對我來說，他的笑聲就像沙漠中的甘泉。

「親愛的小人兒，我還想再聽到你的笑聲……」

但是，他對我說：「今晚，就要滿一年了。我的星球會出現在我去年降落的那個地點的上空……」

「親愛的小人兒，告訴我，這只是一場噩夢，關於那條蛇、關於約定，還有星球……」

他沒有回答我的問題，只是說：

「重要的東西是看不見的……」

「當然……」

「就像花一樣。如果你喜歡某個星球上的一朵花，夜間仰望天空，你就會覺得很美。所有星球都開滿了花。」

「當然……」

「水也一樣。因爲滑輪和繩子的聲音，你給我喝的水，就像音樂一樣……你還記得嗎？眞好喝。」

「當然……」

「夜裡，你會看星星。我的那顆太小了，我沒法指給你看它在哪裡。這樣更好。對你來說，我的星球是許多星星中的一顆。那麼，你會喜歡看所有的星星……它們會成爲你的朋友。現在，我要送給你一個禮物……」

他又笑了。

「啊，親愛的小人兒，親愛的小人兒，我喜歡聽你的笑聲！」

「那就是我要送給你的禮物……像那些水一樣……」

「你的意思是？」

「星星對每個人來說都不一樣。對旅行的人，星星是嚮導。對其他人，星星只是小光點。對學者而言，星星是研究的主題。對我遇到的那位商人來說，星星則是金子。可是，這些星星都沉默。你將擁有別人沒有的星星……」

「你的意思是？」

「你晚上仰望天空時，因爲我住在其中的一顆星星上，因爲我會在其中的一顆星星上笑，你會覺得所有的星星都在笑。你將擁有會笑的星星！」

他又笑了。

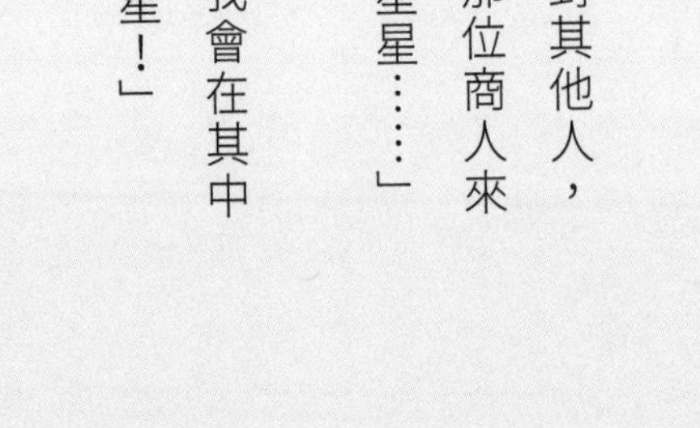

「等你不再痛苦的時候（痛苦總會過去的），你會爲認識我感到高興。你永遠都是我的朋友。你會很想和我一起笑。有時，只是爲了好玩，你會打開窗子……你的朋友會驚訝地看到你望著天空在笑。你會告訴他們：是啊，那些星星總是讓我笑！他們會以爲你瘋了。這樣我就整到你了……」

然後，他又笑了。

「這就像我給你的不是一大堆星星，而是一大堆會笑的小鈴鐺……」

笑著笑著，他忽然嚴肅起來。

「今晚……你知道……不要來。」

「我不想離開你。」

「我的樣子會很痛苦……有點像要死掉的樣子。就這樣。不要來看我那個樣子，沒必要……」

「我不會離開你。」

他還是擔心。「我告訴你這個……也是因爲那條蛇。千萬別讓牠咬到你……蛇都很壞。牠隨便咬人……」

「我不會離開你。」

不過，他似乎又放下心來。

「對了，牠們咬第二口的時候就沒有毒液了……」

那天夜裡，我沒有看到他上路。他不聲不響地跑了。我終於追上他時，他走得很快，邁著堅定的步伐。他只是對我說：

「啊，你來啦……」

他拉著我的手。但他依然很痛心。

「你錯了。你會很難過的。我的樣子會像死掉一樣，但那不是眞的……」

我沉默。

「你明白。路太遠了。我沒法帶走這個身體。它太重了。」

我仍然沉默。

「不過，這就像扔掉一張老樹皮。那些老樹皮，不值得傷心……」

我依舊沉默。

他有點洩氣。但他還在安慰我。

「你知道，那樣滿好的。我也會抬頭看星星。每一顆星星都會有一口井和一個生鏽的滑輪。每一顆星星都會倒水給我喝……」

我仍然沉默。

「那會有多好玩！你將會有五億個小鈴鐺，而我將會有五億口甘泉……」

然後，他不說話了，因爲他哭了……

「就是這裡。讓我自己跨過去吧。」

他坐了下來，因爲他害怕。他又說：「你知道……我的花……我對她有責任的！她是那麼脆弱！她還那麼天眞。她只有四根沒用的刺，來抵抗這個世界……」

我也坐了下來，因爲我站不住了。他說：「好了……就這樣吧……」

猶豫了一下，然後他站起來。他向前走了一步。我卻動彈不了。

一道黃色閃光出現在他的腳踝旁邊。他一動不動，停了片刻。他沒有喊。他就像一棵樹般緩緩倒下。甚至沒有一絲聲音。

27.

到現在，已經六年了……我從沒有講過這個故事。夥伴看到我活著歸來，都十分高興。我心裡憂傷，我只是告訴他們：「太累了……」

現在，我的痛苦稍稍平復，就是說……還沒有完全平復。但我知道，他回到了他的星球，因爲黎明時，我沒有找到他的軀體。他的身子其實不重……我喜歡在夜裡聽那些星星。它們就像五億個小鈴鐺……

不過，還是發生了特別的事情。我給小王子畫的那個嘴套，忘了加皮帶！他永遠沒法把它繫在綿羊嘴上了。於是，我常常想：「他的星球會發生什麼事呢？也許綿羊已經把花吃了……」

有時，我會對自己說：「絕對不會！小王子每天晚上都會給他的花罩上玻璃罩，他會看管好那隻綿羊……」然後，我就很高興。接著，所有的星星都溫柔地笑了。

有時，我又會想：「人總有分心的時候，那就夠了！也許哪一天晚上，他忘了罩上玻璃罩，或者綿羊在夜裡悄悄跑了出來……」於是，小鈴鐺都變成了小淚珠！

奧祕也就在這裡。對同樣喜愛小王子的您來說，就如我一樣，如果在我們不知道的某個地方，有一隻我們不認識的綿羊，不管牠有沒有吃掉一朵玫瑰花，宇宙都會變得完全不一樣……

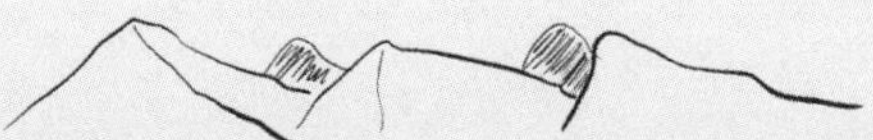

望望天空吧！問問自己：「那隻綿羊到底有沒有吃掉那朵花？」你會發現，一切都不同了……

然而，沒有一個大人明白：這件事有多重要！

對我來說，這就是世界上最美麗也最悲傷的景色。這和上一頁畫中的景色是一樣的，但我又畫了一次，好讓你們看清楚。就是在這裡，小王子出現在地球上，然後又消失了。

仔細看看這幅風景吧！如果有一天，您去非洲，在沙漠裡旅行，您就會認出這個地方。萬一您真的路過那裡，我請求您，不要太匆忙，記得在星空下等一會兒。如果那時有一個孩子向您走來，如果他笑，如果他有一頭金髮，如果他在別人問話時不回答，您就會猜到他是誰了。到時候，拜託您！不要讓我再這麼難過：趕緊寫信告訴我，他回來了……

第二十六話

沒有人能拒絕長大

對飛行員而言，整趟旅程最難熬的一夜，我想不是飛機失事的第一夜，而是和小傢伙告別的最後一夜。相較書本在手的我們只用五分鐘不到的時間，閱讀完最後一章。面對這場別離，我們所承受的是微乎其微。或許惆悵，或許無聊，但在我們輕鬆地把書本闔上然後道：「什麼東西？這本看不懂的童話有什麼好被當作經典的？」之前，又有誰能發現，自己生命中的哪一部分，早已經無聲無息地消失在那浩瀚的星空底下？同小王子一樣，一點聲響也沒有的離開。

有多少人能夠具體地闡述自己究竟是如何成為今天的自己？能將成長過程中，每一個影響自己的關鍵時刻精準地紀錄下來？我們只是每天過著該過的日子，去該去的學校，補該補的習，考該考的大學，交個朋友，吵一吵架，談個戀愛，畢業，當兵，工作……，大家似乎就這樣呼嚕嚕地長大了。等到某天，意外翻出以前的照片、日記、影片時，心中一嘆：「我是什麼時候長這麼大的？」「天，我真的已經不是小孩了。」即便還有法律在告訴我們十八歲與二十歲前後能做和不能做的事情，但不論是十八還是二十歲，當時的我也不覺得自己是大人了。

既然長大的時刻對每個人來說是如此獨特且模糊，那就沒有一個明確的界線，指定我們在哪一刻算是「大人」，弔詭的是，當我們確定自己不是一個孩子時，難道就表示我是一個大人嗎？人難道只有「大人」與「孩子」二分法可以選擇嗎？中間還有沒有其他的位置能夠讓我們立足？

飛行員和小王子為我們騰出了這個位置。

這個位置超脫「小孩」、「青年」、「社青」、「輕熟女／男」、「熟女／男」……，它不需要名稱，不用社會分類。是一個我們能以它來面對人生的位置，是一個當我經歷這場星空的告別式後，突然理解卻無法定義的位置。

仔細看看這幅風景吧！如果有一天，您去非洲，在沙漠裡旅行，您就會認出這個地方。萬一您眞的路過那裡，我請求您，不要太匆忙，記得在星空下等一會兒。如果那時有一個孩子向您走來，如果他笑，如果他有一頭金髮，如果他在別人問話時不回答，您就會猜到他是誰了。到時候，拜託您！不要讓我再這麼難過：趕緊寫信告訴我，他回來了……

這篇尾聲，若以現實層面來考量，有兩點說不過去：一、不論我去撒哈拉沙漠多少次，站在星空下多久，我都不會看到一個金色頭髮的男孩。（如果真的看到我想我會尖叫「有鬼！」，或是開口問他「Do you need help？Are you lost？」）。二、就算我見到這個男孩，而且他真的是小王子本人，我想照著飛行員的請求寫下一封信，那我該寄到哪裡？你的地址呢？沒留下地址我該寄給誰？

那為何飛行員要如此真切地請求我們？

當我重複演這麼多次的《王子》，反覆地在星空下與那位男孩道別，數百次地向觀眾請求：「假如未來的各位真的遇見他，請寫一封信告訴我，他回來了。」有那麼一刻，我好像懂了。

那個星空下消失的男孩，如同那個曾經的自己。在我們不留神的某個片刻，兒時的我們已和蛇相會，然後安靜地倒在沙漠中，如星塵般消失，沒有任何聲音，連個跟自己道別的機會也沒有，我們就長大了。

一道黃色閃光出現在他的腳踝旁邊。他一動不動，停了片刻。他沒有喊。他就像一棵樹般緩緩倒下。甚至沒有一絲聲音。

沒有人能拒絕長大，不管飛行員多麼捨不得和小王子告別，飛行員都得送走他，除了目睹他離去，我們還能做些什麼？我們沒有人可以一輩子永遠當一個孩子，以實際社會面來說，永遠當小孩子，太不負責任了。而飛行員並沒有完全放棄他的飛機，他振作地回到原本的生活軌道。就如同我們闔上書後，還是得面對考試、工作、業績、小孩教育、帳單、貸款……，比起廣大的沙漠，浩瀚的星空，這個現實的社會擁擠太多了，所有事物繁瑣到我們沒辦法思考，沒有空間去感覺。

倘若未來，我們因著小王子的離開，在面對繁瑣的航程中，學會停下手邊的飛機，好好地停在某一處品一口水，思量眼前帶刺的花，擁抱一道日落，埋入一片草地去親吻星空。那個片刻，我們想起小王子教會我們的事，學會用不一樣的角度去理解生活中出現的每一朵花，練習去看看孩子紙上箱子裡頭的羊，巡禮一遍心中所有奇怪大人的星球，還有清點修剪巴歐巴樹苗，只要有這麼一個時刻，那就夠了。

飛行員肯定會感到欣慰，他會知道，你我的小王子回來了。

說真的，長大也並沒什麼不好。就律法上，我們能決定更多事情，我們能掌握更多權利，而且小時候對於長大還滿期待的。就智慧上，小時候的性格頑劣與長大的收斂，年少時玩世不恭與如今的成熟。有時候聽到人家說：「你真的長大了。」也是一種讚美。重點是，我們究竟是長成我們期待的樣子，還是不小心長成曾經最厭惡的樣貌。

「我長大一定不會跟爸爸媽媽一樣去打我的小孩。」

「我長大一定不會跟老師一樣用數字去定義別人。」

「我長大一定不會像舅舅一樣這麼愛錢。」

「我長大一定不會像阿姨一樣這麼貪小便宜。」

「我長大以後……」

多少個默許的誓言早已被拋諸腦後，不知不覺地，我們竟成為下一代口中，孩子們默默發誓的標靶。想想這些讓我們小時候氣到發誓的爸爸、媽媽、老師、舅舅、阿姨們，哪一個人沒當過小孩？只是長大的時間拉得太長了，長到我們都忘記自己曾經也當過一個小孩。

這趟受困十天的旅程，我們跟著飛行員一起經歷這個小男孩的宇宙，最後發現這個男孩帶我們找回那個曾經的自己，接著與我們道別。對於回歸生活軌道的飛行員來說有莫大的改變。原本心思全在飛機上的他，因為遇見小王子，星星、綿羊與玫瑰花突然成為他關心的對象，飛行員開始思考起身邊大人們從不在意的事物，那些和數字無關的事物。他甚至邀請我們抬頭仰望星空，試著去找到屬於我們自己的答案。當飛行員留下最後一幅撒哈拉沙漠的圖畫和文字給我們的同時，他清楚的騰出了一個超越社會標籤「大人」、「小孩」的空間，那個神祕又獨特的位置，願不願意走入其中，是我們能決定的。

讓我們保有那位金髮男孩溫柔的眼光，面對這個巨大的社會航道。

每個人都當過一個孩子，
只是長大的人多，記得的人少。

後記

告別星空後，我們仍繼續飛行

「老師，那架飛機是什麼意思？」

「什麼意思？」

「飛行員修的那架飛機啊，你覺得他的飛機代表什麼？」

「我不知道，你覺得呢？」

某次《地球人遇見小王子》巡迴到高師範附中，演出結束後，學生向我提了一個我沒想過的問題。那個關於飛機解讀，讓我印象深刻。

他認為那架飛機代表著社會上每個人必需乘載的責任，唸書考試、工作賺錢等，那些我們通常認為最重要的事。每個人都是飛行員，都有屬於自己的飛機要駕駛，有著自己必須前進的航道。然而飛行員在這次的旅程中，飛機意外失事了。

飛機壞掉的同時身旁出現了一個神祕的小孩一直在跟他講故事。

「我沒空。我正忙著嚴重的事情！」

前面幾天飛行員似乎還是把自己的重點關注在他的飛機上，甚至一度被反覆提問的小王子惹惱。

隨著困在沙漠的日子一天天過去，飛行員的注意力從原本的飛機，慢慢地轉移到小王子的旅程故事，讓他忘記本來應該要做的事情，一回過神來，已經被困在沙漠裡面一週了。

身為一個「聰明」的大人來分析飛行員在沙漠這十天的行為，是不可思議的。論生命安全，論時間效益，論經濟成本，這位飛行員根本在浪費時間，甚至可以說他是愚蠢的大人。他本應該要把握在沙漠的所有時間，專注在他壞掉的飛機上，怎麼會是花時間在跟一個小傢伙聊他的羊、狐狸還有玫瑰花？

書中的他，在第九天找到井後，隔一天就把飛機修理好了。表示他有能力在一天的時間內完成飛機的修繕工作。要是在他墜機的隔天早晨，全神關注在他的飛機上面，對於一旁小王子的任何要求、提出的每個問題、分享的任何旅程完全不予理會，他根本不需要在沙漠中挨到第八天，還為了喝水起身找井，反而增加此次受難風險。假如他對小王子視若無睹，在第二天傍晚差不多就能啟程繼續飛行了。

對於「聰明」大人們來說這是最聰明的選擇，把握時間，做最重要的事，而不是滯留在荒漠去聽一個小孩講故事。回歸生活軌道的飛行員，仍不會想去理解一朵花帶刺的原因，也不在意羊是否會去吃花，甚至不在乎能不能看到箱子裡頭到底是羊還是其他，那顆夕陽和整片星空對他來說，也沒有過多的意義好令他為此停下腳步。以「聰明」的大人角度來計算，飛行員毫無損失。

若以這位國中男孩的角度來計算，他認為飛行員損失可大了。

他表示每週的這個時段，對他們班來說通常要自修或是準備考試，突如其來得知學校在這個一如往常的唸書時段，安排他們去聽《小王子》的故事，對班上某些同學來說是感到不可思議的，為什麼輔導室要我們拿唸書的時間去聽故事？

於是他帶著英文課本走進這個空間打算利用我分享故事的時間，好好的念書。
當《地球人遇見小王子》的故事開始，他也翻開英文課本，專注在自己的飛機上面，我講我的故事，他背他的單字。大概在演出開始的十分鐘後，因演出需求，全面熄燈暗下，迫使他的飛機必須暫時降落，因為他什麼也看不到，唯一的光源只在台上，無奈的他放下手邊「飛機」，暫時把注意力不耐地放在我的身上。

聽著我引領他們經歷王子的旅程，認識帶刺的花，遇上奇怪大人，還有馴養的狐狸，聽著聽著，他開始忘記他本來想要背的單字。就像飛行員一樣忘記了自己本來認為應該要處理最重要的事。等到演出結束，觀眾席燈光亮起，回神過來才發現手中打算要唸的「飛機」，一點進度都沒有，但他卻經歷了比分數更有意義的事情，《小王子》讓他對於看待生命的方式不再相同。

假如他們全班真的因為花了兩堂課的時間來聽我演繹這場故事，導致接下來的那場考試平均掉下五到十分，對於補習班的同學可能會感到訝異：「你們學校怎麼會在考試前讓你們去聽故事？」也許會覺得他們利用唸書的時間去聽故事，是不明智的選擇。但對他來說，那五到十分的考卷數字，與生命的重量相較，已經無法計算。假如真的發生了，他可能會跟飛行員一樣，不知道該如何向身邊的其他「大人」解釋。那個下午，那趟「旅程」的價值對他而言，根本不是五分還是十分可以衡量的。

如今《地球人遇見小王子》已經演繹破五百場次了，曾經有幾度我演到完全無感於王子與飛行員的告別，但每次讓我重新從痲痺中甦醒過來的，就是這些在演出結束後，跟我分享的生命觸動。曾經來自於某位母親向我道謝她的孩子因為聽了我的分享，第一次回到家裡和她分享了一個晚上；來自於某張割腕的照片傳進我的臉書吐露長篇嘆息；來自於某對分手的情侶，成熟地相約來觀賞演出後彼此祝福對方的未來；來自於這位國中男孩。好像王子離開地球後，都為我們注入了能量，給我們一些勇氣，去面對這台眼前飛機，繼續我們的旅程。

最後，謝謝暫時放下手邊「飛機」，來翻閱我的故事的你。

致無法拒絕長大的我們

作者——宮能安
設計——張巖
插畫——宮能安、大星文化授權
主編——楊淑媚
校對——楊淑媚、宮能安
行銷企劃——謝儀方
經紀公司——昊瀚娛樂工作室
經紀人——美少女小恬

總編輯——梁芳春
董事長——趙政岷
出版者——時報文化出版企業股份有限公司
一〇八〇一九　臺北市和平西路三段二四〇號七樓
發行專線——（〇二）二三〇六—六八四二
讀者服務專線——〇八〇〇—二三一—七〇五、（〇二）二三〇四—七一〇三
讀者服務傳真——（〇二）二三〇四—六八五八
郵撥——一九三四四七二四　時報文化出版公司
信箱——一〇八九九　臺北華江橋郵局第９９信箱
時報悅讀網——http://www.readingtimes.com.tw
電子郵件信箱——yoho@readingtimes.com.tw
法律顧問——理律法律事務所　陳長文律師、李念祖律師
印刷——勁達印刷有限公司
初版一刷——二〇二〇年六月二十四日
初版十四刷——二〇二四年五月二十日
定價——新台幣三六〇元

致無法拒絕長大的我們 / 宮能安作. -- 初版. --
臺北市 : 時報文化, 2020.06 面 ;　公分
ISBN 978-957-13-8242-5(平裝)
1. 自我實現 2. 生活指導

177.2　　109007991

本書《小王子》故事譯稿來源為 作家榜经典文库

時報文化出版公司成立於一九七五年，並於一九九九年股票上櫃公開發行，於二〇〇八年脫離中時集團非屬旺中，以「尊重智慧與創意的文化事業」為信念。

致無法
拒絕長大的我們

讀者回函

時光總是過得飛快，小時候，我們想著快點長大，但長大後，卻發現生活不再單純，有時甚至希望時間能倒流。你是否曾想過長大後的自己是什麼樣子？或想對那時候的自己說些什麼話呢？現在，就將這些話寫下來，讓我們幫你送給那個長大後的你。

請完整填寫本回函資料，並於 2020.9.30 前（以郵戳為憑），寄回時報出版，即可參加抽獎，有機會獲得【給未來自己的一封信】以及【神秘小禮】。（名額共 5 名）

活動辦法

1. 請剪下本回函，寫出你想對未來自己的一段話，並完整填寫個人資料，黏封好寄回時報出版（無需貼郵票），將抽出 5 名讀者。
2. 於 2020.10.23 在「宮能安 Kung」FB 粉絲頁公布得獎名單，並由專人通知得獎。
3. 若於 2020.10.30 前出版社未能聯絡上得獎者，視同放棄。

對折線

請對摺黏封後直接投入郵筒，請勿使用釘書機。

廣　告　回　信
台北郵局登記證
台　北　廣　字

第　2　2　1　8　號

請沿線裁下並對折寄回

時報文化出版股份有限公司

108019 台北市萬華區和平西路三段 240 號 7 樓

第五編輯部　優活線 收

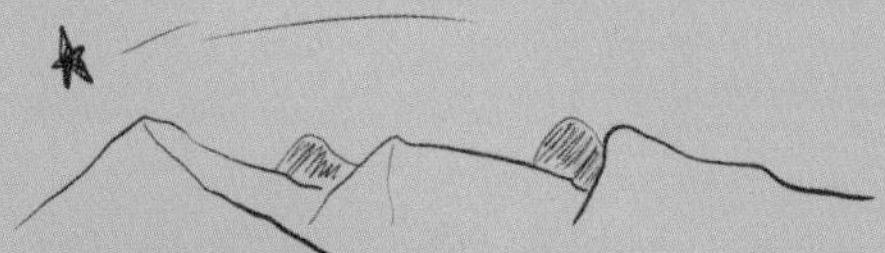

★ 致未來的自己的一封信／

★ 想對宮能安說的悄悄話／

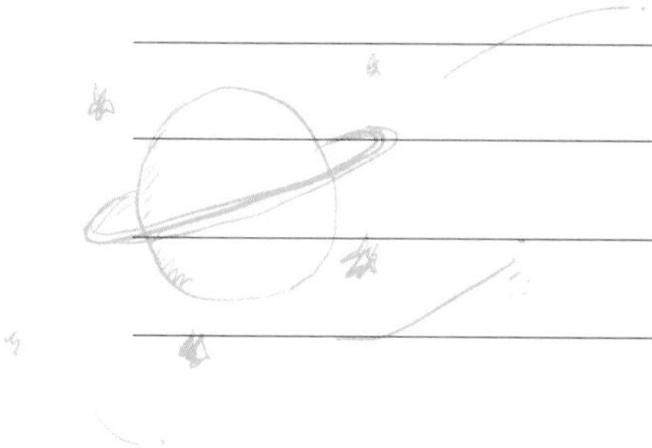

讀者資料（請務必完整填寫並可供辨識，以便通知活動得獎以及相關訊息）

姓名：　　　　　　　　　　□先生　□小姐

年齡：

職業：

聯絡電話：(H)　　　　　　　　(M)

地址：□□□

E-mail：

注意事項：

1. 本回函不得影印使用 2. 本公司保有活動辦法變更之權利 3. 若有其他疑問，請洽 (02)2306-6600#8240